2de

COLLECTION BARBAZO

Cahier d'algo et de programmation

Sous la direction d'Éric Barbazo

Fanny Plassin

Nathalie Teulié

W0280766

hachette

ÉDUCATION

SOMMAIRE

COMPRENDRE PYTHON

NOMBRES ET CALCULS

FONCTIONS

GÉOMÉTRIE

STATISTIQUES ET PROBABILITÉS

1 Environnement Python

Mémo

Python est un **langage de programmation** qui peut être utilisé avec plusieurs environnements : EduPython, Pyzo, Spyder, etc.

Dans ce cahier, l'environnement utilisé est celui d'**EduPython**, logiciel gratuit téléchargeable à l'adresse https://edupython.tuxfamily.org/

L'interface du logiciel EduPython présente deux zones principales.

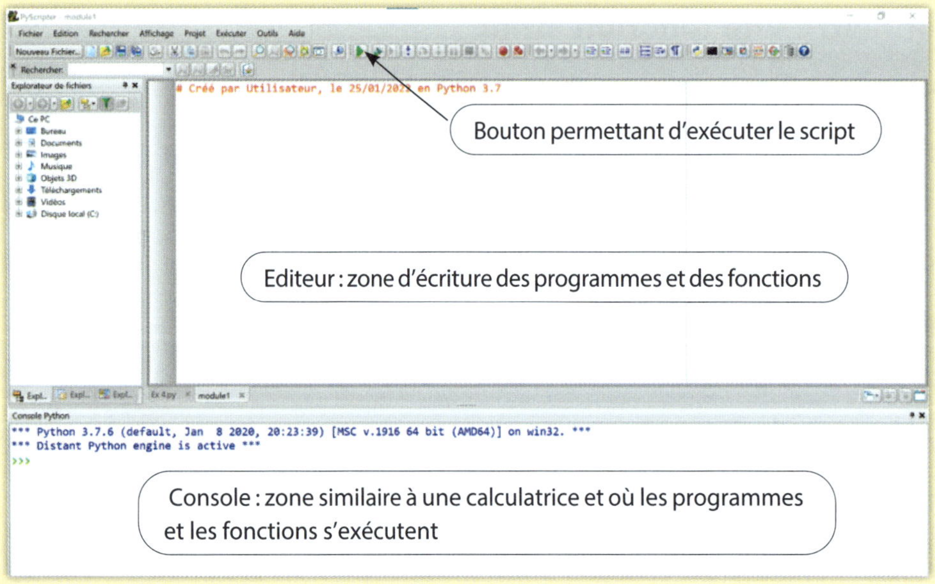

Vidéo 1
L'environnement Python

L'**éditeur** permet d'écrire des programmes. Après l'écriture d'un programme ou d'une fonction, on le compile avec l'icone ▶. Après compilation d'un programme, on peut utiliser la console pour connaître le contenu des variables utilisées.

La **console** permet de calculer avec les principales fonctions intégrées de Python comme avec une calculatrice. C'est aussi le lieu où on peut utiliser les programmes et les fonctions en les appelant avec leur nom.

Exemples

Programme ou fonction écrit dans l'éditeur et compilé	Instruction écrite dans la console et affichage

`def somme(n):`
`    S=0`
`    for i in range(1,n+1):`
`        S=S+n`
`    return S`
	`>>> somme(6)`
	`36`

Calcul de 3^{54} dans la console

```
>>> 3**54
58149737003040059690390169
```

Certaines fonctions spécifiques au langage Python sont rangées dans des **bibliothèques**.

Pour pouvoir les utiliser, il faut importer la bibliothèque entièrement ou seulement la ou les fonction(s) souhaitée(s).

- L'étoile * permet d'importer toutes les fonctions d'une bibliothèque.

Exemple

`from random import *` importe toutes les fonctions de la bibliothèque `random`

- On peut importer d'une bibliothèque seulement les fonctions dont on a besoin.

Exemple
`from math import sqrt` importe la fonction racine carrée de la bibliothèque `math`.

- Lorsque le nom de la bibliothèque est très long, on peut définir un alias. On peut ensuite utiliser toutes les fonctions de la bibliothèque en faisant précéder le nom des fonctions de l'alias.

Exemple
```
import math as m
```
`m.sqrt(3)` calcule $\sqrt{3}$ sans avoir à importer spécifiquement la fonction `sqrt`.

- Les principales bibliothèques utiles au lycée sont résumées ici.

Type de bibliothèque	Nom de la bibliothèque	Syntaxe d'importation
Principales fonctions mathématiques	`math`	`from math import *`
Fonctions des probabilités	`random`	`from random import *`
Fonctions graphiques	`matplotlib.pyplot`	`import matplotlib.pyplot as plt`
	`pylab`	`import pylab as pb`
	`numpy`	`import numpy as np`

Vidéo 2
Les bibliothèques

Le langage Python est un langage informatique qui permet de réaliser des calculs qui sont trop longs et compliqués à faire manuellement, mais c'est également un **traceur de courbes**. Les graphiques permettent en général de conjecturer des solutions d'équations ou d'inéquations, de déterminer des coordonnées de points ou de faire de la géométrie.

Pour réaliser des graphiques avec le langage Python, il faut utiliser plusieurs bibliothèques :

`matplotlib.pyplot` ou `pylab` et `numpy`.

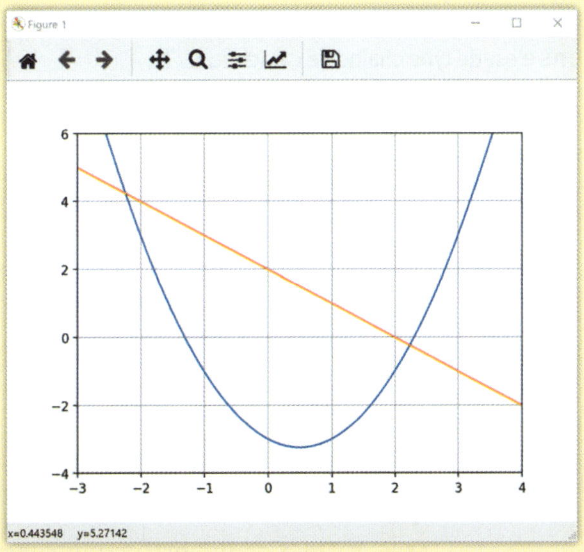

Lorsqu'on exécute un script de tracé de graphique, l'affichage se réalise dans une fenêtre qui s'ouvre indépendamment de l'environnement EduPython. Il faut fermer cette fenêtre après l'avoir visualisée.

2 Variables

Mémo

- Une **variable** est comme une boîte qui permet de conserver dans le temps les données d'un programme (nombre, valeur entrée par l'utilisateur, mot, etc.) en les stockant dans la mémoire de l'ordinateur.

- Une variable possède un **nom**. Le nom d'une variable ne doit pas contenir d'espace : les tirets « _ » remplacent les espaces.

Exemples

`lundi`	`5.2`	`300`	← Valeur de la variable
`Jour`	`y`	`Prix_hors_taxe`	← Nom de la variable

Remarque : Le nom d'une variable est souvent explicite et permet de comprendre le rôle qu'elle joue dans un programme.

- Les variables qui stockent des valeurs numériques sont appelées **variables numériques**. Elles sont utilisées pour faire des calculs.
  - Pour stocker une valeur dans la variable, on écrit une instruction d'affectation.
  - En langage Python, l'affectation des variables se fait avec le signe « = » et avec la syntaxe :
    `nom_de_la_variable=valeur`.
  - En langage naturel, l'affectation des variables s'écrit avec une flèche ←.

Exemples

- `Longueur=75` signifie qu'on affecte la valeur 75 à la variable `Longueur` en langage Python.
- *Prix_hors_taxe* ← 300 signifie qu'on affecte la valeur 300 à la variable Prix_hors_taxe en langage naturel.

- Une variable possède un **type** qui la caractérise : numérique entier, numérique flottant (nombre non entier), booléen (vrai ou faux), chaîne de caractères.

Exemples

- `largeur=3` : la variable `largeur` est de type numérique entière.
- `prix=250.65` : la variable `prix` est de type flottant.
- `reponse="gagné !"` : la variable `reponse` est de type chaîne de caractères.

Remarque : Avec des variables numériques, on peut utiliser toutes les opérations de base : addition, soustraction, multiplication, division.

1 **1.** Expliquer les instructions suivantes.

base ← 8

....

hauteur ← 12

....

2. Lorsqu'on écrit :

aire ← *base* × *hauteur*

quelle est la valeur affectée à la variable *aire* ?

....

2 On affecte 365 à la variable *année* et 6,5 à la variable *durée*. Écrire en langage naturel les instructions d'affectation de ces variables.

....

....

3 **1.** On a écrit l'instruction suivante pour la variable *compteur* :

compteur ← 700.

De quel type est la variable *compteur* ?

....

2. On a écrit l'instruction suivante pour la variable *jour* :

jour ← "lundi"

De quel type est la variable *jour* ?

....

....

....

4 On a écrit dans la console l'instruction suivante :

```
>>> from math import pi
```

1. Quelle est la valeur de la variable `pi` ?

....

....

....

2. Quel est le type de la variable `pi` ?

....

....

....

5 Dans chaque cas, écrire le résultat de l'opération.

1.
```
>>> hauteur=11
>>> profondeur=10
>>> hauteur*profondeur
```

....

2.
```
>>> cote=5.5
>>> aire=cote*cote
```

....

3.
```
>>> from math import pi
>>> rayon=10
>>> aire=pi*rayon*rayon
```

....

4.
```
>>> a=5
>>> b=6
>>> c=3
>>> d=(2*a+b)/(c+1)
```

....

6 En septembre 2021, 74 % de la population française était vaccinée contre la Covid 19.

1. Compléter les instructions suivantes pour que la variable *vaccinés* contienne le nombre d'habitants vaccinés en France en septembre 2021.

population ← 67 000 000

taux ← ....

vaccinés ← ....

2. Quelle est la valeur de la variable *vaccinés* ?

....

3. Quel est le type de la variable *vaccinés* ?

....

....

....

7 On a écrit l'instruction suivante dans la console Python.

```
>>> a,b=32,80
```

1. Que permet cette instruction ?

....

....

....

2. Expliquer l'instruction suivante.

```
>>> a,b=b,a
```

....

....

....

8 Le rayon de la Terre est d'environ 6 400 km.

1. Compléter les instructions Python ci-dessous afin que la variable `equateur` contienne la longueur de l'équateur de la Terre.

```
from math import pi
rayon_Terre=..........
equateur=..........
```

2. Quelle est la valeur de la longueur de l'équateur de la Terre affichée par cet algorithme ?

....

3 Calculs et opérations

Mémo

Dans le tableau ci-dessous, la variable **a** est affectée de la valeur 42 et la variable **b** est affectée de la valeur 5. Les opérations sont effectuées dans la **console**.

Addition	Soustraction	Produit	Quotient
`>>> a+b` `47`	`>>> a-b` `37`	`>>> a*b` `210`	`>>> a/b` `8.4`
Puissance entière a^4	Racine carrée	Reste de la division euclidienne de a par b.	Quotient de la division euclidienne de a par b.

`>>> a**4`
`3111696`
	`>>> from math import sqrt`
	`>>> sqrt(a)`
	`6.48074069840786`
		`>>> a%b`
		`2`
			`>>> a//b`
			`8`

1 Dans chaque cas, écrire le résultat de l'opération écrite ci-dessous dans la console.

1.

```
>>> hauteur=82
>>> base=5
>>> aire=base*hauteur
```

....

2.

```
>>> from math import pi
>>> rayon=5
>>> aire=pi*rayon**2
```

....

3.

```
>>> a=15
>>> b=3
>>> c=20
>>> a*(b+c)
```

....

4.

```
>>> x=20
>>> y=10
>>> z=5
>>> x+y*z**3
```

....

2 Quelle est la valeur de la variable **c** lorsque l'on tape les instructions suivantes dans la console Python ?

```
>>> from math import sqrt
>>> a=sqrt(81)+3
>>> b=2*sqrt(25)
>>> c=a+b
```

....

3 Le salaire mensuel d'un employé est de 1 800 € en 2021. Il augmente de 1,5 %.

1. Expliquer les instructions suivantes écrites dans la console.

a.

```
>>> salaire=1800
```

....

....

....

b.

```
>>> taux=0.015
```

....

....

....

2. Le salarié veut connaître le montant de son augmentation et le nouveau salaire dont il disposera après l'augmentation.

Pour cela il écrit dans la console les instructions suivantes. Pour chaque instruction, donner le résultat affiché.

a.

```
>>> augmentation=salaire*taux
```

....

b.

```
>>> nouveau_salaire=salaire+augmentation
```

....

4 On considère la série d'instructions suivantes écrites dans la console.

```
>>> x=5
>>> x=x*2
>>> x=x-1
>>> x=x**2
```

Quelle est la valeur de la variable `x` à la fin de ces instructions ?

....

5 **1.** Taper les instructions suivantes dans la console Python puis écrire le résultat affiché.

```
>>> a,b=4,20
>>> a+b
```

....

2. Expliquer ce que fait l'instruction `a,b=4,20`.

....

....

6 Taper les instructions ci-dessous dans la console Python.

```
>>> a,b=30,53
>>> a,b=b,a
```

1. Quelles valeurs affecte-t-on aux variables **a** et **b** dans la première instruction ?

....

....

2. Commenter l'instruction `a,b=b,a.`

....

....

7 **1.** Dans la console, écrire les instructions qui affectent aux variables **a**, **b** et **c** respectivement les valeurs 3, 6 et 10.

....

....

....

2. Quelle valeur trouve-t-on lorsqu'on écrit dans la console :

```
>>> a**3-b*c
```

....

8 **1.** Écrire dans la console les instructions qui affectent à la variable **a** la valeur 143, à la variable **b** la valeur 12 et à la variable **c** le reste de la division euclidienne de **a** par **b**.

....

....

....

2. Quelle est la valeur de la variable **c** ?

....

9 Le soleil a un rayon de 696 340 km. On affecte cette valeur à la variable `soleil`.

1. Quelles instructions faut-il écrire dans la console Python pour déterminer le volume du soleil ? Utiliser une variable `volume` et importer le nombre pi en écrivant l'instruction `from math import pi.`

....

....

....

2. Quel est le volume du soleil ?

....

....

10 Affecter la valeur 5 à une variable nommée **x** dans la console puis calculer l'expression $x^3 - 4x^2 + \frac{1}{3}x - 5$.

....

....

....

11 **1.** Copier les instructions suivantes dans la console Python et écrire ci-dessous la valeur de la variable compteur affichée dans chacun des cas suivants.

```
>>> compteur=10
>>> compteur=compteur+1
>>> compteur
```

....

```
>>> compteur=10
>>> compteur+=1
>>> compteur
```

....

2. Que dire des instructions :

`compteur=compteur+1` et `compteur+=1`

....

....

4 Fonctions Python

Mémo

En langage Python, une **fonction** est un programme qui porte un nom et utilise zéro, une ou plusieurs variables appelées **arguments** de la fonction.

Une fonction s'écrit avec des **mots-clés** et renvoie toujours une **valeur** :

```
def nom_fonction(argument1,argument2,etc):
    instructions
    return resultat
```

- elle se définit toujours avec le mot-clé `def` ;
- la première ligne se termine toujours par deux points ;
- il est impératif de respecter le décalage de ligne (appelé **indentation**) pour chaque instruction qui suit ;
- pour que la fonction renvoie un résultat, on utilise le mot-clé `return` : la valeur renvoyée par la fonction possède donc un type (numérique entier, numérique flottant, booléen, chaîne de caractères).

Exemple

```
def volume_parallélépipède(longueur,largeur,hauteur):
    vol=longueur*largeur*hauteur
    return vol
```

- Le nom de la fonction est `volume_parallélépipède`.
- La fonction utilise trois arguments : les variables `longueur`, `largeur` et `hauteur`.
- La fonction renvoie la valeur de la variable `vol` qui est le volume d'un parallélépipède.

Remarques

- Si la fonction n'utilise pas d'argument, on la note `def nom():`
- Le nom d'une fonction ne doit pas contenir d'espace. Ils sont remplacés par des tirets « _ ».
- Le résultat renvoyé par une fonction peut être réutilisé dans un autre programme ou une autre fonction.

On utilise une fonction dans la **console**, en écrivant son nom et en choisissant les arguments que l'on souhaite. Le résultat renvoyé par la fonction s'écrit immédiatement en dessous.

Exemple

```
>>> volume_parallélépipède(20,10,4)
800
```

Vidéo 4
Les fonctions

1 On considère la fonction suivante.

```
def vitesse(distance,temps):
    return distance/temps
```

1. Quel est le nom de cette fonction ?

....

....

2. Combien d'arguments possède cette fonction ? Lesquels ?

....

....

....

2 On considère la fonction suivante.

```
def f(x):
    return 2*x+7
```

1. Quel est le nom de cette fonction ?

....

....

2. Qu'obtient-on si on écrit dans la console l'instruction suivante ?

```
>>> f(0)
```

....

....

3 On a écrit la fonction suivante.

```
def solde(prix,pourcentage):
    return prix*(1-pourcentage/100)
```

1. Quel est le nom de cette fonction ?

....

2. Combien d'arguments possède cette fonction ? Lesquels ?

....

....

3. On a écrit dans la console l'instruction suivante et obtenu le résultat suivant.

```
>>> solde(250,20)
200.0
```

Imaginer un contexte qui pourrait utiliser cette fonction.

....

....

....

4 On a écrit la fonction suivante.

```
from math import pi
def aire(rayon):
    circonference=2*pi*rayon
    aire=pi*rayon**2
    return circonference,aire
```

1. Combien d'arguments possède la fonction `aire` ? Lesquels ?

....

....

2. Comment utiliser dans la console la fonction ci-dessus pour calculer la circonférence et l'aire d'un cercle de rayon 4 cm ?

....

....

3. Quels sont les résultats renvoyés ?

....

....

5 Dans un hôtel, le prix par nuit d'une chambre est 55 € et le prix d'un repas est 18 €. Le directeur de l'hôtel veut écrire une fonction qui renvoie le prix à payer pour un client selon le nombre de nuits passées et de repas pris. Compléter la fonction.

```
1. def prix(nuits,repas):
2.     return.......................................
```

6 Écrire une fonction, nommée `aire_rectangle`, à deux arguments à choisir et qui renvoie l'aire d'un rectangle.

```
1. ....................................................
2. ....................................................
3. ....................................................
```

7 On a écrit la fonction suivante.

```
def pair(n):
    return n%2==0
```

1. Combien d'arguments possède cette fonction ? De quel type ?

....

....

....

2. On a écrit dans la console les instructions suivantes et on a obtenu les résultats suivants.

```
>>> pair(6)
True
```

```
>>> pair(17)
False
```

Quel est le type du résultat renvoyé ?

....

....

3. Quel est le rôle de cette fonction ?

....

....

....

....

....

5 Instruction conditionnelle

Mémo

Une **instruction conditionnelle** permet d'effectuer des choix dans un programme en fonction de la valeur vraie ou fausse d'une condition :

- si la condition est vraie, on effectue des instructions ;
- si la condition est fausse, on effectue d'autres instructions.

En **langage naturel**, la syntaxe d'une instruction conditionnelle est la suivante.

Si *conditions* alors
    Instruction(s) 1
Sinon
    Instruction(s) 2

En **langage Python**, la syntaxe dépend du nombre de conditions.

Syntaxe en Python	Exemple en langage naturel	Exemple en Python
Une seule condition		
`if condition:` `    Instruction(s)`	Si x est supérieur ou égal à 3 alors $y \leftarrow 5x$	`if x>=3:` `    y=5*x`
Une condition et une alternative		

`if condition:`
`    Instruction(s) 1`
`else:`
`    Instruction(s) 2`
	Si x est supérieur ou égal à 3 alors
	$y \leftarrow 5x$
	Sinon
	$y \leftarrow -10x$
		`if x>=3:`
		`    y=5*x`
		`else:`
		`    y=-10*x`

Deux conditions ou plus		

`if condition 1:`
`    Instruction(s) 1`
`elif condition 2:`
`    Instruction(s) 2`
`else:`
`    Instruction(s) 3`
	Si x est supérieur ou égal à 3 alors
	$y \leftarrow 5x$
	Sinon si x est compris entre 0 et 3
	$y \leftarrow -10x$
	Sinon
	$y \leftarrow 2x+1$
		`if x>=3:`
		`    y=5*x`
		`elif 0<x<3:`
		`    y=-10*x`
		`else:`
		`    y=2*x+1`

Remarques

- Le mot-clé « alors » n'existe pas en langage Python. C'est l'**indentation**, c'est-à-dire le décalage automatique du retour à la ligne vers la droite, qui le remplace.
- **elif** est la contraction de **else if**.
- Pour tester l'égalité de deux valeurs en langage Python, on peut utiliser le signe « == ».

1 Écrire en langage Python les instructions conditionnelles ci-dessous écrites en langage naturel.

Si t est égal à 0 alors
    $y \leftarrow t+1$

```
1. ....................
2. ....................
3. ....................
```

2 On considère le programme suivant.

```
if 0<x<1:
    y=3*x
elif x>=1:
    y=4*x
else:
    y=5*x
```

Quelle est la valeur de y lorsque on prend $x = -1$?

....

3 Compléter la fonction `Exercice_3`, d'argument x, qui renvoie le double de x si x est positif et le triple de x si x est négatif ou nul.

```
def Exercice_3(x):
    if ...:
        y=...
    else:
        y=...
    return y
```

4 Une machine automatique de la Poste indique le tarif à payer selon le poids x du courrier, exprimé en grammes.

La fonction Python suivante constitue le programme de la machine et renvoie le prix à payer P (exprimé en euros).

```
def prix(x):
    if 0<x<=20:
        P=0.67
    elif 20<x<=50:
        P=0.85
    elif 50<x<=100:
        P=1.25
    return P
```

1. Quel est l'argument de cette fonction ?

2. Quel est le prix affiché si le client poste un courrier de :

a. 72 grammes ? **b.** 18 grammes ?

3. Modifier la fonction pour qu'elle renvoie un prix à payer de 2,50 € pour un courrier qui pèse plus de 100 grammes.

5 On considère la fonction affine par morceau écrite ci-dessous.

$$f(x)=\begin{cases}-x+4 & \text{si } x\leqslant -1\\ 3x-1 & \text{si } -1<x\leqslant 5\\ x+2 & \text{si } x>5\end{cases}$$

Compléter la fonction Python ci-dessous pour qu'elle renvoie la valeur de $f(x)$ lorsque on l'utilise avec l'argument x.

```
def f(x):
    if ...:
        y=...
    elif ...:
        y=...
    else:
        y=...
    return y
```

6 **1.** Écrire la fonction Python suivante dans l'éditeur et l'utiliser avec la valeur $n = 22$. Que renvoie-t-elle ?

```
def mystere(n):
    if n%2==0:
        y=n//2
    else:
        y=3*n+1
    return y
```

2. Que renvoie la fonction si on l'utilise avec la valeur $n = 3$?

3. Que teste l'instruction `if n%2==0:` ?

7 Écrire une fonction Python, nommée `examen`, d'argument un nombre entier n compris entre 0 et 20 et qui renvoie la phrase « candidat reçu » si $10 \leqslant n \leqslant 20$.

6 Boucle For

Mémo

Il est parfois utile dans un programme de répéter une ou plusieurs instructions un **nombre défini de fois**.

- Lorsque le nombre de répétitions est connu à l'avance, on utilise une **boucle bornée for**.

Vidéo 5 Les boucles

En **langage naturel**, la syntaxe d'une boucle for (ou boucle Pour) est la suivante.

Pour *variable* allant de minimum à maximum
instruction(s)

En **langage Python**, la syntaxe d'une boucle for est la suivante :

```
for variable in range():
    instruction(s)
```

Remarque : Il n'existe pas d'instruction pour définir la fin de la boucle. C'est **l'indentation**, c'est-à-dire le décalage vers la droite d'une ou plusieurs lignes écrites dans la boucle, qui permet de marquer la fin de la boucle.

La fonction `range()` permet d'énumérer le nombre de passages dans la boucle bornée. Elle peut être appelée de plusieurs façons :

- `range(n)`, où n est un entier, fait prendre à la `variable` les valeurs entières de 0 à $n-1$, donc n valeurs ;
- `range(n,m)`, où n et m sont des entiers, fait prendre à la `variable` les valeurs entières de n à $m-1$;
- `range(n,m,k)`, où n, m et k sont des entiers, fait prendre à la `variable` les valeurs entières de n à $m-1$, avec un pas de k.

Exemples

Instructions	`for i in range(5):` `    Somme =Somme+i`	`for k in range(2,6):` `    Somme =Somme+i`	`for n in range(3,21,2):` `    Somme =Somme+i`
Affichage	La variable i prend toutes les valeurs entières de 0 à 4 et les ajoute successivement à la variable Somme.	La variable k prend toutes les valeurs entières de 2 à 5 et les ajoute successivement à la variable Somme.	La variable n prend toutes les valeurs entières de 3 à 19 avec un pas de 2 et les ajoute successivement à la variable Somme.

1 Quel résultat sera affiché par la boucle for ci-contre ?

```
for i in range(4):
    print("Hello")
```

....

2 On considère la boucle for ci-contre.

```
S=5
for k in range(3):
    S=S+2*k
```

1. Quelles sont les valeurs prises par la variable k de la boucle ?

....

2. Quel résultat sera affiché par la boucle ?

....

3 On considère la boucle for suivante.

```
resultat=0
for l in range(3,17,3):
    resultat=resultat+l
```

1. Quelles sont les valeurs prises par la variable `l` de la boucle ?

....

....

2. Quel résultat sera affiché par la boucle ?

....

....

4 On considère la boucle for suivante.

```
Produit=1
for i in range(1,5):
    Produit=i*Produit
```

Compléter le tableau d'état suivant.

i	....	....	....	....
Produit	....	....	....	....

5 On considère la boucle for suivante.

```
S=0
for k in range(1,20,4):
    S=S+2*k
```

Compléter le tableau d'état suivant.

k	....	....	....	....	....
S	....	....	....	....	....

6 Traduire en langage Python chaque boucle for écrite en langage naturel ci-dessous.

1.

Longueur ← 1
Pour *i* allant de 1 à 4
  Longueur ← *Longueur* + *i*

```
........
........
........
```

2.

$n \leftarrow 4$
Pour k allant de 0 à 10
  $n \leftarrow n + 3k$

```
........
........
........
```

3.

jour ← 0
Pour *k* allant de 3 à 15 avec un pas de 3
  jour ← *jour* + *k*

```
........
........
........
```

7 Un bijou précieux estimé à une valeur de 2 000 € en 2022 voit son prix augmenter de 4 % chaque année.

Compléter la fonction Python suivante pour qu'elle renvoie le prix du bijou lors de l'année 2022 + n.

```
def prix(n):
    P=2000
    for i in range(......, ......):
        P= ............
    return P
```

8 On considère la fonction suivante.

```
def nombre_e(mot):
    nombre=0
    for lettre in mot:
        if lettre=="e":
            nombre=nombre+1
    return nombre
```

1. Recopier la fonction dans un éditeur et l'utiliser en écrivant l'instruction suivante.

```
>>> nombre_e("emmener")
```

Quel résultat est affiché ? ....

2. Quel est le type de l'argument `mot` de la fonction ?

....

....

....

3. Expliquer l'instruction : `for lettre in mot:`

....

....

....

4. Que fait cette fonction ?

....

5. Expliquer l'affichage suivant.

```
>>> nombre_e("mathématiques")
1
```

....

....

....

....

7 Boucle While

Mémo

- Pour écrire certains programmes, il est parfois nécessaire de répéter une ou plusieurs instructions **un nombre inconnu de fois**.

  • Lorsque le nombre de répétitions n'est pas connu à l'avance, on utilise une **boucle non bornée** qui est parcourue jusqu'à ce qu'une certaine condition ne soit plus vérifiée. Tant que cette condition est vérifiée, la boucle continue.

- En **langage naturel**, la syntaxe d'une boucle while (ou boucle Tant que) est la suivante.

```
Tant que condition
    instruction(s)
```

En **langage Python**, la syntaxe d'une boucle while est la suivante :

```
while condition:
    instruction(s)
```

Remarque : Il n'existe pas d'instruction pour définir la fin de la boucle. C'est l'**indentation**, c'est-à-dire le décalage vers la droite d'une ou plusieurs lignes, qui permet de marquer la fin de la boucle.

Vidéo 5
Les boucles

1 Quelle est la valeur de la variable X, entier naturel, qui arrêtera la boucle while ci-dessous ?

```
X=0
while X<50:
    X=X+1
    S=2*S
```

....

....

2 On considère la boucle while ci-dessous.

```
n=0
s=0
while s<50:
    n=n+1
    s=s+2*n
```

1. Compléter le tableau d'état suivant.

n	...	...	...	...	...	...	...	...
s	...	...	...	...	...	...	...	...

2. Quelle est la valeur de la variable s qui arrête la boucle ?

....

3. Quelle est la première valeur de l'entier naturel n tel que $s \geq 50$?

....

3 Un client place le 1er janvier 2022, une somme de 2 000 € sur un compte bancaire. Le compte rapporte de l'argent chaque année en appliquant un taux de 2 %. Le client attend que la somme d'argent sur le compte dépasse la valeur de 2 700 € pour retirer la totalité de l'argent. Il écrit la fonction Python ci-dessous.

```
def compte():
    somme=2000
    n=0
    while somme<2700:
        somme=1.02*somme
        n=n+1
    return 2022+n
```

1. Recopier cette fonction dans un éditeur et l'utiliser.

Quel résultat est affiché ? ....

2. Interpréter ce résultat.

....

....

3. On veut modifier la fonction ci-dessus afin qu'elle renvoie la somme d'argent qu'il y aura sur le compte lorsque la boucle s'arrêtera. Par quoi faut-il remplacer l'instruction `return 2022 + n` ?

....

....

4 Traduire en langage Python la boucle Tant que ci-dessous écrite en langage naturel.

> *max* ← 0
> Tant que *max* < 10
> *max* = *max* + 0,1

5 Un puisatier propose à ses clients de creuser des puits dans leur jardin. Le prix du forage dépend de la profondeur du puits. Le premier mètre coûte 120 €. Puis il faut ajouter à cette somme 30 € par mètre supplémentaire.

1. Quel est le coût d'un forage de 8 mètres ?

2. Un client a un budget de 1 200 € pour faire un puit dans son jardin. Il souhaite savoir la profondeur maximale qu'il peut atteindre avec cette somme.

Compléter la fonction ci-dessous pour qu'elle renvoie la profondeur maximale du puit que le client peut payer avec cette somme.

```
def puits():
    profondeur=1
    prix=120
    while ……………………:
        prix= ……………
        profondeur= ……………
    return profondeur
```

3. Utiliser la fonction et déterminer la profondeur que le client peut obtenir pour son puits.

6 La grand-mère de Sarah lui a donné 50 € pour son anniversaire, qu'elle met dans sa tirelire. Les parents de Sarah lui donnent 15 € d'argent de poche chaque mois.

Sarah décide d'économiser son argent de poche dans sa tirelire jusqu'à ce qu'elle puisse s'acheter la guitare dont elle rêve et qui coûte 490 €.

1. Compléter la fonction ci-dessous qui renvoie le nombre de mois que doit attendre Sarah avant de s'acheter sa guitare.

```
def guitare():
    n=0
    tirelire=50
    while ……………………:
        tirelire= ……………
        n= ……………
    return ……………
```

2. Modifier la fonction précédente afin qu'elle renvoie la somme dont elle disposera dans sa tirelire lorsqu'elle pourra s'acheter sa guitare et le nombre de mois à attendre.

7 **1.** Écrire dans un éditeur la fonction suivante et l'utiliser plusieurs fois.

```
from random import randint
def de():
    face=0
    n=0
    while face!=6:
        face=randint(1,6)
        n=n+1
    return n
```

2. Expliquer l'instruction suivante.

```
while face!=6:
```

3. Que renvoie cette fonction ?

8 Chaînes de caractères

Mémo

- En langage Python, une **chaîne de caractères** est une suite de plusieurs caractères (chiffres, lettres, symboles) rangés dans un ordre donné.
  Une chaîne de caractères se note entre guillemets simples ' ' ou doubles " ".

- En **langage naturel**, affecter une chaîne de caractères à une variable se note comme ci-dessous.

x ← *"lundi"*
phrase ← *"je travaille 3 heures par jour"*

En **langage Python**, affecter une chaîne de caractères à une variable se note comme ci-dessous.

```
x="lundi"
Phrase="je travaille 3 heures"
```

- On peut réaliser différentes opérations avec les chaînes de caractères dans Python.

Affectation	Concaténation	Répétition	Comparaison	
			Égalité ==	Différence !=

`>>> x="lundi"`
`>>> y="mardi"`
	`>>> x+y`
	`'lundimardi'`
		`>>> 2*x`
		`'lundilundi'`
			`>>> x="lundi"`
			`>>> x=="lundi"`
			`True`
				`>>> y="mardi"`
				`>>> y!="mercredi"`
				`True`

- On peut établir une **relation d'ordre lexicographique** (celui du dictionnaire) entre chaînes de caractère.

Exemples

```
>>> x="mardi"
>>> y="manger"
>>> y<x
True
```

```
>>> x="maison"
>>> y="mais"
>>> x<y
False
```

- Pour déterminer la **longueur d'une chaîne de caractères**, on utilise la fonction `len()`. Les espaces sont comptés comme un caractère.

Exemple

```
>>> x="jolie maison"
>>> len(x)
12
```

- On peut **extraire les caractères d'une chaîne** en notant le rang du ou des caractères à extraire entre crochets. Le premier caractère est le caractère de rang 0. Le deuxième est de rang 1, et ainsi de suite. Le rang du caractère à extraire doit être compris entre 0 et `len(chaîne)-1`.

Exemple

Chaîne de caractère : "B o n j o u r   à   t o u s"

Rang : 0 1 2 3 4 5 6 7 8 9 10 11 12 13

Caractère(s) à extraire	Le 4e (ou de rang 3)	Du 1er au 3e (ou du rang 0 à 2)	Du 4e au dernier (ou du rang 3 à 13)	Du 2e au 5e (ou du rang 1 à 4)

Instruction et affichage	`>>> x[3]`
	`'j'`
		`>>> x[0:3]`
		`'Bon'`
		ou
		`>>> x[:3]`
		`'Bon'`
			`>>> x[3:14]`
			`'jour à tous'`
			ou
			`>>> x[3:]`
			`'jour à tous'`
				`>>> x[1:5]`
				`'onjo'`

- On peut utiliser une **boucle bornée avec une chaîne de caractères**.
  L'instruction `for caractere in chaine` fait prendre à la variable `caractere` toutes les valeurs des caractères de la chaîne.

1 On considère la chaîne de caractères suivante :

```
phrase="vive les mathématiques"
```

Compléter.

1. `len(phrase)=` ....
2. `phrase[10]=` ....
3. `phrase[5:8]=` ....
4. `phrase[-1]=` ....
5. `phrase[6]+phrase[10:13]=` ....
6. `3*phrase[2]=` ....

2 Écrire en langage Python les instructions suivantes écrites en langage naturel.

1. *mot* ← "*géométrie*" ....

2. afficher la dernière lettre de *mot* ....

3. afficher la première lettre de *mot* ....

4. afficher la longueur de la chaîne *mot* ....

3 On considère la fonction suivante.

```
def espace(phrase):
    n=0
    for caractere in phrase:
        if caractere==" ":
            n=n+1
    return n
```

1. Quel est le type de l'argument `phrase` de la fonction ?

....

....

2. Que renvoie cette fonction ?

....

....

....

3. Modifier la fonction pour qu'elle renvoie le nombre de « s » dans la phrase. Garder le même nom pour la fonction.

```
..........
..........
..........
..........
..........
..........
```

4 Compléter la fonction ci-dessous, nommée `ranger`, d'arguments deux chaînes de caractères et qui renvoie les deux chaînes de caractères rangées dans l'ordre lexicographique.

```
def ranger(mot1,mot2):
    if mot1<mot2:
        y=..........
    else:
        y=..........
    return y
```

5 On considère la fonction suivante.

```
def chiffre_dizaine(n):
    chiffres=str(n)
    return chiffres[-2]
```

L'instruction `str(n)` transforme le nombre **n** en chaîne de caractères formée des chiffres de **n**.

1. Recopier la fonction dans un éditeur et l'utiliser en écrivant dans la console l'instruction suivante.

```
>>> chiffre_dizaine(4532)
```

Qu'obtient-on ?

....

2. Modifier la fonction pour qu'elle renvoie le chiffre des unités d'un entier n donné. On modifiera le nom de la fonction en `chiffre_unite`.

```
..........
..........
..........
```

3. On considère maintenant la fonction suivante.

```
def somme_chiffres(n):
    chiffres=str(n)
    Somme=0
    for k in chiffres:
        Somme=Somme+int(k)
    return Somme
```

Recopier la fonction dans un éditeur et l'utiliser en écrivant dans la console l'instruction suivante.

```
>>> somme_chiffres(342)
```

Qu'obtient-on ?

....

4. Que fait cette fonction ?

....

9 Graphiques

Mémo

Les fonctions mathématiques se représentent graphiquement par des courbes. En langage Python, pour tracer la courbe représentative d'une fonction, on peut procéder de deux manières différentes en « important » des **bibliothèques** :

- la bibliothèque `pylab` que l'on peut renommer avec le raccourci (ou l'alias) `pb` ;
- les bibliothèques `numpy` et `matplotlib.pyplot` que l'on peut renommer avec les raccourcis respectifs `np` et `plt`.

Vidéo 2 **Les bibliothèques**

Exemple

On veut tracer la courbe représentative de la fonction f définie sur $[-5\,;3]$ par $f(x)=3x-1$.

C'est l'ensemble des points $M(x\,;f(x))$ lorsque x prend toutes les valeurs de $[-5\,;3]$.

Avec la bibliothèque pylab

```
import pylab as pb
pb.axis([-5,3,-20,10])
pb.grid()
x=pb.linspace(-5,3,100)
y=3*x-1
pb.plot(x,y)
pb.show()
```

Avec les bibliothèques numpy et matplotlib.pyplot

```
import matplotlib.pyplot as plt
import numpy as np
plt.axis([-5,3,-20,10])
plt.grid()
x=np.linspace(-5,3,100)
y=3*x-1
plt.plot(x,y)
plt.show()
```

L'instruction `axis([valeur1,valeur2,valeur3,valeur4])` définit les **dimensions du repère**. Dans l'exemple, les valeurs de l'axe des abscisses sont comprises entre -5 et 3 ; celles de l'axe des ordonnées sont comprises entre -20 et 10.

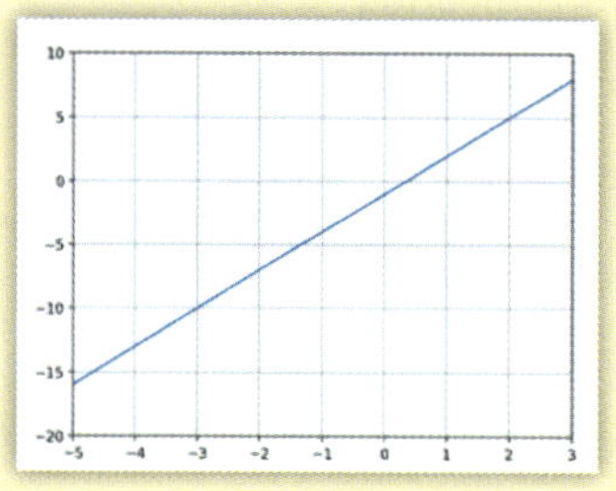

L'instruction `grid()` permet d'afficher un **quadrillage**.

L'instruction `linspace(valeur1,valeur2,nombre_points)` définit **l'intervalle** dans lequel x varie et le **nombre de points calculés** pour tracer la courbe.

x varie ici dans l'intervalle $[-5\,;3]$ et la courbe sera tracée avec 100 points. La variable y est calculée en fonction de x aux lignes 5 (à gauche) et 6 (à droite) des deux scripts précédents.

L'instruction `plot(x,y)` **trace les points** de coordonnées x et y.

L'instruction `show()` permet l'**affichage de la courbe** (obtenu en exécutant le script).

1 Indiquer les dimensions du repère et l'intervalle, dans lequel la courbe de la fonction définie ci-dessous sera tracée.

```
import matplotlib.pyplot as plt
import numpy as np
plt.axis([-10,20,-30,30])
plt.grid()
x=np.linspace(-10,20,100)
y=x+2
plt.plot(x,y)
plt.show()
```

....

....

....

2 Compléter le script pour qu'il trace la courbe représentative de la fonction f définie sur $[-5\,;5]$ par $f(x)=x^2-x$. On se placera dans un repère de dimensions $[-5\,;5]$ sur l'axe des abscisses et $[-5\,;30]$ sur l'axe des ordonnées et on tracera 200 points.

```
import pylab as pb
pb.axis([......,......,......,......])
pb.grid()
x=pb.linspace(......,......,......)
y=x**2-x
pb.plot(x,y)
pb.show()
```

3 On considère la fonction f définie sur l'intervalle $[-3\,;4]$ par $f(x)=x^2-x-3$ et la fonction affine g définie sur $\mathbb{R}$ par $g(x)=-x+2$.

1. Compléter le script ci-dessous pour qu'il affiche les courbes représentatives de ces fonctions dans un repère de dimensions $[-3\,;4]$ sur l'axe des abscisses et $[-4\,;6]$ sur l'axe des ordonnées.

```
import pylab as pb
pb.axis([……,……,……,……])
pb.grid()
x=pb.linspace(-3,4,100)
y=……
z=……
pb.plot(x,……)
pb.plot(x,……)
pb.show()
```

2. En utilisant le graphique, déterminer graphiquement les coordonnées des points d'intersection des deux représentations graphiques. On arrondira au dixième les lectures graphiques.

……………………………………………………

……………………………………………………

……………………………………………………

4 On considère les fonctions f et g définies sur l'intervalle $[0\,;6]$ par $f(x)=2x+4$ et $g(x)=-x+10$.

1. Compléter le script ci-dessous afin qu'il trace les courbes représentatives des fonctions f et g dans un repère de dimensions $[-1\,;4]$ sur l'axe des abscisses et $[-1\,;9]$ sur l'axe des ordonnées, avec 100 points tracés.

```
import matplotlib.pyplot as plt
import numpy as np
plt.axis([……,……,……,……])
plt.grid()
x=np.linspace(……,……,100)
y=……
z=……
plt.plot(……,……)
plt.plot(……,……)
plt.show()
```

2. Déterminer graphiquement les coordonnées du point d'intersection des courbes représentatives des fonctions f et g.

……………………………………………………

……………………………………………………

3. Vérifier par le calcul.

……………………………………………………

……………………………………………………

……………………………………………………

……………………………………………………

……………………………………………………

……………………………………………………

……………………………………………………

……………………………………………………

5 L'énergie cinétique (exprimée en joules) d'un objet en mouvement en fonction de sa masse m (exprimée en kg) et sa vitesse v (exprimée en $\text{m}\cdot\text{s}^{-1}$) est donnée par l'expression :

$$E=\frac{1}{2}mv^2$$

On considère un objet de masse 10 kg.

1. Écrire un script qui trace la courbe représentative de la fonction E en fonction de la vitesse de l'objet. On utilisera l'échelle suivante :

- $[0\,;2]$ sur l'axe des abscisses ;
- $[0\,;25]$ sur l'axe des ordonnées.

On utilisera les bibliothèques que l'on souhaite.

```
……………………………………………………
……………………………………………………
……………………………………………………
……………………………………………………
……………………………………………………
……………………………………………………
……………………………………………………
```

2. Déterminer graphiquement la vitesse de l'objet lorsque son énergie cinétique est égale à 15 joules. Arrondir au dixième près.

……………………………………………………

……………………………………………………

1 Nombres entiers

1 Utiliser une fonction p. 10 — Traduire un algorithme

On considère la fonction ci-dessous écrite en Python.
Traduire cette fonction en langage naturel.

```
def div_eucl(a,b):
    q=a//b
    r=a%b
    return q,r
```

....

....

....

....

2 Utiliser la console p. 8 — Traduire un algorithme

Calculer, en utilisant la console, les expressions suivantes.
Écrire les instructions et les résultats obtenus.

1. 2^{56} : ....

....

2. $3^7 - 5^{11} + 7^8$: ....

....

3. $(5^4)^{11} - (5^3)^8$: ....

....

....

4. Reste de la division euclidienne de 7^{12} par 4^6

....

3 Utiliser une boucle For p. 14 — Traduire un algorithme

On veut calculer la somme 1 + 2 + 3+ … + 2022.
On a écrit en langage naturel l'algorithme ci-dessous.

Somme ← 0
Pour i allant de 1 à 2022 faire
    $S \leftarrow S + i$
Afficher S.

1. Traduire cet algorithme dans l'éditeur Python.

1. ....
2. ....
3. ....
4. ....

2. Combien vaut cette somme ?

....

4 Utiliser une instruction For p. 14 — Comprendre un algorithme

On a écrit la fonction ci-dessous en Python.

```
def somme(n):
    S=0
    for i in range(1,n+1):
        S=S+2*i
    return S
```

Compléter le tableau suivant lorsque on choisit $n = 3$.

i	×	....	....	....
S	0	....	....	....

5 Utiliser une boucle While p.16 — Comprendre un algorithme

```
def produit():
    P=1
    i=1
    while P<10000:
        i=i+1
        P=P*i
    return i
```

Expliquer ce que renvoie la fonction `produit`.

....

....

....

6 Utiliser une boucle For p. 14

Compléter un algorithme

On appelle triplet pythagoricien, un triplet (a, b, c) d'entiers naturels non nuls tels que $a^2 + b^2 = c^2$.

1. Compléter le script pour qu'il affiche la liste de tous les triplets pythagoriciens, avec $c \leqslant 50$. On veut la liste avec $a \leqslant b$.

```
for a in range (1,51):
    for b in range (a,51):
      for c in range (b,51):
        if ..................==..............:
          print (a,b,c)
```

2. Exécuter le script pour déterminer tous ces triplets pythagoriciens.

....

....

....

....

....

....

7 Utiliser une instruction conditionnelle p. 12 – Utiliser une boucle While p. 16

Compléter un algorithme

La célèbre suite de Syracuse est définie de la manière suivante :

- On choisit un entier naturel n.
- S'il est pair, on le divise par 2.
- S'il est impair, on le multiplie par 3 et on ajoute 1.
- On reproduit la procédure avec le résultat obtenu.

1. Compléter la fonction Python ci-contre pour qu'elle affiche les résultats de la suite de Syracuse pour un entier naturel n donné.

```
def syracuse(n):
    while n!=1:
      if n%2==..................:
        n=..................
        print(n)
      else:
        n=..................
        print(n)
```

2. Quel résultat s'affiche dans la console lorsqu'on utilise cette fonction avec $n = 6$?

....

3. Utiliser la fonction avec différentes valeurs de l'entier n. Quelle conjecture peut-on faire ?

....

8 À votre initiative !

Grégoire veut économiser chaque mois pour se payer un voyage en Grèce d'une valeur de 1 750 €.

Le premier mois, il met sur un compte 250 €. Puis il décide d'ajouter chaque mois suivant la somme de 80 €. Pour savoir combien de mois il devra patienter, Grégoire veut écrire une fonction Python.

1. Compléter la fonction ci-contre.

2. En utilisant la fonction précédente, déterminer combien de mois devra patienter Grégoire.

....

```
def voyage():
    s=250
    n=0
    ..................:
        s=..................
        n=n+1
    return n
```

2 Nombres réels

1 Importer une bibliothèque p. 4

Comprendre un algorithme

1. Écrire dans la console l'instruction suivante.

```
>>> from math import sqrt
>>> sqrt(7)
```

Quel résultat obtient-on ?

....

2. Quelle est l'écriture mathématique exacte du nombre `sqrt(7)` ?

....

....

3. Quel est le résultat exact de $\sqrt{7}^2$?

....

4. Écrire dans la console l'instruction suivante.

```
>>> sqrt(7)**2
```

Quel résultat obtient-on ?

....

5. Comment expliquer le résultat ?

....

....

....

....

....

2 Utiliser la console p. 8

Traduire un algorithme

Calculer, en utilisant la console, les expressions suivantes.
On écrira ci-dessous les instructions et les résultats obtenus.

1. $1-\dfrac{3}{4}$ ....

....

2. $\dfrac{\sqrt{2}-1}{\sqrt{2}+1}$ ....

....

3. $\dfrac{1-\dfrac{3}{4}}{2-\dfrac{1}{5}}$ ....

....

3 Utiliser une boucle For p. 14

Comprendre un algorithme

On considère les nombres suivants :

$$a_1 = 1\,; \quad a_2 = 0{,}5\left(a_1 + \frac{2}{a_1}\right);$$

$$a_3 = 0{,}5\left(a_2 + \frac{2}{a_2}\right);$$

$$a_4 = 0{,}5\left(a_3 + \frac{2}{a_3}\right)$$

On continue ainsi de suite à calculer a_5, a_6, etc.
On considère la fonction `nombres` ci-dessous.

```
def nombres(n):
    a=1
    for i in range(2,n+1):
        a=0.5*(a+2/a)
    return a
```

1. En utilisant la fonction `nombres`, remplir le tableau d'état ci-dessous. Arrondir les résultats au centième.

n	1	2	3	4	5
a	....	....	....	....	....

2. Calculer et écrire ci-dessous le résultat renvoyé par la fonction `nombres` lorsque `n = 100`.

....

3. Conjecturer le nombre vers lequel semble se rapprocher le résultat de la fonction `nombres` lorsque n devient de plus en plus grand.

....

....

....

4 Importer une bibliothèque p. 4

Compléter un algorithme

La vitesse (en m·s^{-1}) de propagation d'un tsunami se calcule par la formule $V = \sqrt{gh}$, où g est l'intensité de la pesanteur (en m·s^{-2}) et h la profondeur de l'océan (en m).

Compléter la fonction pour qu'elle renvoie la vitesse d'un tsunami exprimée en km·h^{-1}.

```
from math import ..........
def vitesse(...):
    return ..........
```

5 Utiliser une boucle While p. 16

Compléter et modifier un algorithme

Un escargot avance de 1 mètre le premier jour, puis comme il se fatigue, il n'avance plus que de $\frac{1}{2}$ mètre le deuxième jour, de $\frac{1}{3}$ mètre le troisième jour et ainsi de suite chaque jour.

1. Compléter la fonction suivante afin qu'elle renvoie le nombre de jours qu'il faudra à l'escargot pour parcourir une distance supérieure ou égale à 3 mètres ainsi que la distance parcourue.

```
def parcours():
    distance=1
    jour=1
    while ..........:
        jour=jour+1
        distance=..........
    return jour,distance
```

2. Modifier la fonction, en lui ajoutant comme argument la possibilité de choisir le seuil de distance que l'escargot doit dépasser. On pourra donc appeler `seuil` l'argument de la fonction.

```
..........
..........
..........
..........
..........
..........
..........
```

6 À votre initiative !

On considère la fonction f définie pour tout nombre réel x par $f(x) = \begin{cases} 2x+1 & \text{si } x \leqslant 5{,}5 \\ -x+4 & \text{si } 5{,}5 < x \leqslant 11{,}5. \\ 7x-1 & \text{sinon} \end{cases}$

1. Écrire une fonction Python afin qu'elle renvoie l'image d'un réel x par la fonction f.

```
..........
..........
..........
..........
..........
..........
..........
..........
```

2. En utilisant la fonction Python, calculer et écrire ci-dessous les images des nombres réels donnés.

a. Image de 6,7.

....

....

b. Image de $\frac{5}{4}$.

....

....

c. Image de $\sqrt{589}$.

....

....

3 Nombres pairs et impairs

1 Utiliser une fonction p. 10 — Traduire un algorithme

1. Quel est le reste de la division euclidienne d'un nombre pair par 2 ?

....

2. Quel est le reste de la division euclidienne d'un nombre impair par 2 ?

....

3. Traduire en langage Python la fonction suivante qui renvoie si un nombre entier est pair ou impair.

définir parite(n)
    Si le reste de la division euclidienne de n par 2 est égal à 0
        afficher « n est pair »
    Sinon
        afficher « n est impair »

```
1. ..................................................
2. ..................................................
3. ..................................................
4. ..................................................
5. ..................................................
```

2 Utiliser une fonction p. 10 — Comprendre un algorithme

On a écrit la fonction Python suivante.

```python
def parite(n):
    return n%2==0
```

1. Que renvoie la fonction lorsqu'on écrit l'instruction suivante ?

```python
>>> parite(4)
```

....

2. Que renvoie la fonction lorsqu'on écrit l'instruction suivante ?

```python
>>> parite(7)
```

....

3. Quel est le type de la réponse renvoyée par la fonction ?

....

3 Utiliser une boucle For p. 14 — Comprendre un algorithme

On considère la fonction Python suivante.

```python
def n_premiers_pairs(n):
    for i in range(n):
        print(2*i)
```

Que renvoie cette fonction lorsqu'on l'utilise avec $n = 5$?

....

....

4 Utiliser une boucle While p. 16 — Comprendre un algorithme

On considère la fonction suivante écrite en langage Python.

```python
def somme(n):
    S=0
    i=0
    while i<=n:
        if i%2==0:
            S=S+i
        i=i+1
    return S
```

1. Utiliser la fonction `somme` avec $n = 6$. Quelle valeur trouve-t-on ?

....

2. Que renvoie la fonction `somme` ?

....

....

5 Utiliser une boucle For p. 14

Compléter un algorithme

Compléter la fonction `produit_impair` ci-dessous pour qu'elle calcule le produit des n premiers nombres entiers impairs, n étant l'argument de la fonction donné par l'utilisateur.

```
def produit_impair(n):
    P=1
    for i in range(1, .........):
        P=P* .........
    return P
```

6 Utiliser une instruction conditionnelle p. 12

Comprendre et modifier un algorithme

On considère la fonction ci-dessous.

```
def nombre(n):
    nbre=0
    for k in range(1,n+1):
        if k%2==0 and k%4!=0:
            nbre=nbre+1
    return nbre
```

1. Expliquer ce que testent les instructions de la quatrième ligne du programme de la fonction.

2. Que renvoie cette fonction ?

3. Modifier la fonction pour qu'elle renvoie le nombre d'entiers divisibles par 2 et non divisibles par 4, compris entre 1 et un entier naturel n donné en argument par l'utilisateur.

7 À votre initiative !

Une grande agglomération décide de limiter aux voitures l'accès à son centre-ville. Pour cela, elle instaure la règle suivante :

- Si le nombre constitué par les deux derniers chiffres de la plaque d'immatriculation de la voiture est pair, la voiture peut avoir accès au centre-ville les lundis, mercredis et vendredis.
- Si le nombre constitué par les deux derniers chiffres de la plaque d'immatriculation de la voiture est impair, la voiture peut avoir accès au centre-ville les mardis, jeudis et samedis.

Écrire une fonction, nommée `acces`, d'argument un nombre entier à deux chiffres, qui renvoie la liste des jours d'accès au centre-ville d'une voiture.

4 Multiples et diviseurs

1 Utiliser une instruction conditionnelle p. 12

Traduire un algorithme

Traduire en python la fonction suivante écrite en langage naturel.

> Définir multiple (a, b) :
> Si le reste de la division euclidienne de a par b est égal à 0
> Afficher « a est un multiple de b »

```
1. ......................................
2. ......................................
3. ......................................
   ......................................
```

2 Utiliser une fonction p. 10

Comprendre un algorithme

On considère la fonction suivante, écrite en langage Python.

```python
def diviseur(d,n):
    if n%d==0:
        resultat=True
    else:
        resultat=False
    return resultat
```

1. Quels sont les arguments de la fonction ?

....

....

2. Expliquer l'instruction suivante.

```python
if n%d==0:
```

....

....

3. Quel est le type du résultat renvoyé par la fonction ?

....

4. Que renvoie l'instruction suivante écrite dans la console ?

```
>>> diviseur(13,39)
```

....

3 Utiliser une fonction p. 10

Comprendre un algorithme

On considère la fonction suivante, écrite en langage Python.

```python
def div_eucl(a,b):
    q=a//b
    r=a%b
    return q,r
```

1. Quels sont les arguments de cette fonction ?

....

2. Que renvoie l'instruction suivante écrite dans la console ?

```
>>> div_eucl(27,5)
```

....

3. Que renvoie cette fonction ?

....

....

4 Utiliser une boucle For p. 14

Comprendre un algorithme

On considère la fonction suivante, écrite en langage Python.

```python
def diviseurs(n):
    for i in range(1,n+1):
        if n%i==0:
            print(i)
```

1. Recopier la fonction dans un éditeur et l'utiliser avec 10 comme argument. Que trouve-t-on ?

....

....

2. Que fait cette fonction ?

....

....

5 Utiliser une boucle For p. 14 – Utiliser une instruction conditionnelle p. 12

Compléter et modifier un algorithme

1. Compléter la fonction afin qu'elle renvoie la somme de tous les diviseurs d'un nombre entier naturel a.

```
def somme_div(a):
    S=0
    for i in range(1,a+1):
        if ..........:
            S=..........
    return S
```

2. Modifier la fonction afin qu'elle renvoie la somme de tous les diviseurs stricts de a. On dit qu'un diviseur d de a est un diviseur strict de a si $d \neq a$.

3. On dit qu'un entier est parfait si la somme de ses diviseurs stricts est égale à cet entier. Le nombre 6 est-il un entier parfait ? Utiliser la fonction précédente pour répondre.

6 Utiliser une boucle For p. 14 – Utiliser une instruction conditionnelle p. 12

Comprendre un algorithme

On considère la fonction suivante écrite en Python.

```
def pgcd(a,b):
    pgcd=1
    for i in range(1,max(a,b)+1):
        if a%i==0 and b%i==0:
            pgcd=i
    return pgcd
```

1. Que renvoie l'instruction `max(a,b)+1` ?

2. Que renvoie l'instruction `>>> pgcd(12,54)` ?

3. Que fait cette fonction ?

7 À votre initiative !

Écrire une fonction, nommée `produit`, qui renvoie le produit de tous les diviseurs d'un entier naturel n donné en argument.

1 Reconnaître une fonction affine

1 Utiliser une fonction p. 10

Comprendre un algorithme

On considère la fonction affine f définie pour tout réel x par $f(x) = 3x - 1$. On a écrit la fonction Python ci-contre.

```
def f(x):
    return 3*x-1
```

Écrire le résultat de l'instruction affichée dans chaque cas.

1. `>>> f(0)` ....

2. `>>> f(5)` ....

3. `>>> f(-3.5)` ....

2 Utiliser des variables p. 6

Comprendre un algorithme

Le prix d'un aller simple en taxi en Gironde se calcule de la manière suivante :

- prise en charge : 2,40 € ;
- prix par km : 1,74 €.

On note x le nombre de km d'un aller simple et y le prix de la course.

On a écrit, en langage naturel, l'algorithme suivant.

```
x ← 0
y ← 2,40
Tant que y < 10
    x ← x + 1
    y ← 1,74x+ 2,40
Afficher x – 1
```

1. En utilisant l'algorithme, compléter le tableau d'état des variables x et y puis préciser l'affichage.

x	0	......	......	......	......	......
y	2,40	......	......	......	......	......

....

2. Comment interpréter le résultat affiché par l'algorithme dans le contexte de l'exercice ?

....

3 Utiliser une instruction conditionnelle p. 12

Comprendre un algorithme

On considère la fonction ci-dessous écrite en langage naturel.

Définir affine(xA, yA, xB, yB) :
  Si $yA = yB$ alors
    $m = 0$
    $p = yA$
  Sinon
    $m = \dfrac{yB - yA}{xB - xA}$
    $p = yA - m \times xA$
  Afficher m et p

1. Quel affichage obtient-on en utilisant cette fonction avec $xA = 4$, $yA = 7$, $xB = -3$ et $yB = 7$?

....

2. Quel affichage obtient-on en utilisant cette fonction avec $xA = -3$, $yA = -4$, $xB = 5$ et $yB = 10$?

....

3. Quel est le rôle de cette fonction ?

....

4 Utiliser une fonction p. 10

Compléter un algorithme

Un éditeur veut publier un manuel de mathématiques. Les frais fixes de conception du manuel s'élèvent à 45 000 € auxquels s'ajoutent des frais variables de 7,50 € par manuel.

On note x le nombre de manuels fabriqués.

1. Compléter la fonction Python ci-dessous afin qu'elle renvoie les frais totaux pour x manuels fabriqués.

```
def frais_manuel(x):
    return ..........
```

2. Chaque manuel est vendu 24 €.

Modifier la fonction précédente afin qu'elle renvoie le bénéfice (la recette moins les coûts) pour l'éditeur après avoir vendu x manuels.

```
..........
..........
```

5 Utiliser une fonction p. 10

Compléter un algorithme

Tom est commercial dans sa propre entreprise. Il s'attribue un salaire mensuel constitué de deux parties : une part fixe et une part « par contrat » selon le nombre x de contrats qu'il signe.

Cette année, Tom a fixé la part fixe à 1 100 € et la part « par contrat » à 150 € par contrat.

1. On note $f(x)$ (en euros) le salaire mensuel de Tom.

Compléter la fonction Python pour qu'elle renvoie le salaire de Tom selon le nombre x de contrats signés.

```
def salaire(x):
    return ..........
```

2. Quel est le salaire de Tom s'il signe 10 contrats ?

....

....

....

3. Tom s'aperçoit que la part fixe et la part « par contrat » de son salaire ne sont pas bien adaptées aux évolutions économiques. Il décide alors d'écrire une fonction Python qui lui calcule son salaire avec d'autres valeurs que la part fixe et la part « par contrat » qu'il s'était octroyé à la question **1**.

Compléter la fonction Python suivante pour qu'elle renvoie le salaire de Tom selon la part fixe et la part « par contrat » qu'il décide de choisir et le nombre x de contrats qu'il signe.

```
def salaire(fixe,par_contrat,x):
    return ..........
```

6 À votre initiative !

Inès est libraire. En moyenne, chaque fois qu'elle vend un livre, elle gagne 7 €.

Si Inès vend chaque mois un nombre de livres compris entre 0 et 500 inclus, elle a des frais d'un montant de 1 300 €.

Si elle vend un nombre de livres compris entre 501 et 800 inclus, elle a des frais d'un montant de 1 450 €.

Si elle vend plus de 800 livres par mois, elle a des frais d'un montant de 1 600 €.

Écrire une fonction Python, nommée `benefice`, d'argument `x` le nombre de livres vendus, qui renvoie le bénéfice d'Inès chaque mois.

```
..........
..........
..........
..........
..........
..........
..........
..........
```

2 Déterminer l'expression d'une fonction affine

1 Utiliser une fonction p. 10

Traduire un algorithme

Traduire en langage Python, la fonction *affine* suivante.

définir $affine(m, p, x)$:
  Afficher $mx + p$

```
1. ........................................
2. ........................................
```

2 Utiliser une instruction conditionnelle p. 12

Comprendre un algorithme

On rappelle que si $f(x) = mx + p$, alors :

$$m = \frac{y_B - y_A}{x_B - x_A} \text{ avec } x_B \neq x_A \quad \text{et} \quad p = y_A - mx_A,$$

où $(x_A ; y_A)$ et $(x_B ; y_B)$ sont les coordonnées de deux points de la courbe représentative de la fonction f.

On considère la fonction suivante, écrite en langage Python.

```
def expression(x_A,y_A,x_B,y_B):
    if x_A==x_B:
        resultat="la fonction affine n'est pas définie"
    else:
        m=(y_B-y_A)/(x_B-x_A)
        p=y_A-m*x_A
        resultat=m,p
    return resultat
```

1. Expliquer la première condition de l'instruction conditionnelle `if` et l'instruction qui la suit.

2. Quel résultat est affiché lorsqu'on écrit dans la console l'instruction suivante ?

```
>>> expression(3,2,7,5)
```

3. Quelle est l'expression affine de la fonction f qui correspond à cet affichage ?

3 Tracer un graphique p. 20

Comprendre un algorithme

Un cinéma propose une carte d'abonné pour une somme de 30 € pour l'année et qui donne droit à payer chaque place de cinéma au prix de 7 €.

1. On note x le nombre de fois où un habitué du cinéma vient au cours d'une année.

On note $P(x)$ le prix que paiera le client pour une année.

Déterminer l'expression de $P(x)$ en fonction de x.

2. Recopier dans un éditeur le programme ci-dessous.

```
import matplotlib.pyplot as plt
import numpy as np
plt.axis([0,10,0,110])
plt.grid()
x=np.linspace(0,10,100)
y=7*x+30
plt.plot(x,y)
plt.show()
```

Que trace-t-il lorsqu'on l'utilise ?

2. Quelles sont les bornes de l'affichage sur l'axe des abscisses ?

3. Quelles sont les bornes de l'affichage sur l'axe des ordonnées ?

4. En utilisant le graphique affiché, déterminer le prix que paiera le client s'il vient 6 fois dans l'année.

4 Utiliser une fonction p. 10 – Utiliser une boucle While p. 16

Compléter et modifier un algorithme

Un chocolatier vend ses chocolats à l'unité. S'il n'en fabrique aucun, le coût de fabrication est tout de même de 200 € (amortissement des machines, charges fixes, etc.). On note x le nombre de chocolats fabriqués par le chocolatier. Le coût de fabrication d'un chocolat est égal à 0,15 €. On note $C(x)$ le coût de fabrication de x chocolats fabriqués.

1. Compléter la fonction suivante qui détermine le nombre maximum de chocolats que doit fabriquer le chocolatier pour que le coût ne dépasse pas 300 €.

```
def cout():
    C=200
    x=0
    while ..................:
        x=..........
        C=....................
    return x-1
```

2. Modifier la fonction précédente en lui incluant en argument le coût que ne doit pas dépasser le chocolatier.

5 Utiliser une fonction p. 10 – Utiliser une instruction conditionnelle p. 12

Écrire un algorithme

Une agence vend des tirages photos au tarif suivant :

- de 1 à 200 photos : 42 centimes par photographie ;
- de 201 à 500 photos : 35 centimes par photographie ;
- 501 photos ou plus : 25 centimes par photographie.

Les frais de port de 7,5 € sont ajoutés à chaque commande.

1. Déterminer la fonction f qui donne le prix $f(x)$ (en euros) payé en fonction du nombre x de photographies demandées.

2. Écrire une fonction nommée `prix`, d'argument le nombre **x** de photographies commandées et qui renvoie le prix à payer.

3. En utilisant la fonction précédente, déterminer le prix à payer pour 82 photographies. On écrira ci-dessous l'instruction à saisir dans la console et le résultat obtenu.

6 À votre initiative !

On considère une fonction linéaire définie par $f(x) = mx$. Écrire une fonction Python, nommée `lineaire`, d'arguments deux réels **a** et **b** et qui renvoie « impossible » si $a = 0$ ou le coefficient directeur de la représentation graphique de la fonction linéaire f telle que $f(a) = b$ si $a \neq 0$.

1 Utiliser une fonction p. 10 — Traduire un algorithme

On considère le schéma ci-contre, formé d'un carré de côté c inscrit dans un cercle de rayon R.

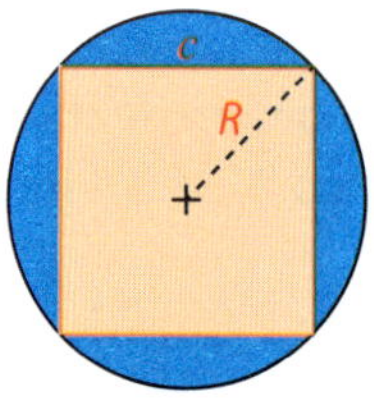

Traduire l'algorithme, écrit en langage naturel, en une fonction Python nommée `aire`, d'argument le rayon **R** qui renvoie l'aire de la partie bleu.

$c \leftarrow R\sqrt{2}$
aire_disque $\leftarrow \pi \times R^2$
aire_carré $\leftarrow c^2$
aire_bleue $\leftarrow$ aire_disque – aire_carré

```
.......................................
.......................................
.......................................
.......................................
.......................................
.......................................
.......................................
```

2 Utiliser une fonction p. 10 — Compléter un algorithme

1. Compléter la fonction Python ci-dessous pour qu'elle renvoie l'image d'un réel x par la fonction carré.

```
def carré(x):
    return.....................
```

2. Utiliser la fonction précédente pour compléter le tableau d'état suivant.

x	–1,4	–0,6	0,2	1,8	2,4
x^2	....	....	....	....	....

3 Utiliser une fonction p. 10 — Écrire un algorithme

Lorsqu'un objet mobile de masse m (en kg) est en mouvement à la vitesse v (en m · s^{-1}), il possède une énergie E dont la valeur (en J) est donnée par la formule $E = \frac{1}{2}mv^2$.

1. Écrire une fonction Python, nommée `energie`, d'arguments la vitesse `v` du mobile et sa masse `m` et qui renvoie la valeur de E.

```
.......................................
.......................................
```

2. Quelle expression doit-on écrire dans la console pour calculer l'énergie d'un mobile de masse $m = 55$ kg lancé à la vitesse de 15 m · s^{-1} ?

....

3. Quelle énergie trouve-t-on ?

....

....

4 Utiliser une fonction p. 10 — Comprendre un algorithme

On considère la fonction f définie par le programme Python ci-dessous.

```
def f(x):
    return -0.5*x**2+2
```

1. Quelles sont les instructions à écrire dans la console pour calculer l'image de $\sqrt{8}$ par la fonction f ?

....

....

2. Quelle valeur est affichée ?

....

3. On admet que la fonction f est décroissante sur $[0\,;+\infty[$. On a écrit la fonction Python suivante.

```
def seuil():
    n=0
    while f(n)>=-2000:
        n=n+1
    return n
```

Lorsqu'on utilise la fonction `seuil`, on trouve comme résultat 64. Que signifie ce résultat ?

....

....

5 Utiliser une fonction p. 10

Compléter et modifier un algorithme

Lors d'un freinage d'urgence, la distance d'arrêt d'une voiture lancée à la vitesse v (en km · h^{-1}) se décompose en deux parties :

- la distance de réaction (en m), qui est égale à la distance parcourue par le véhicule pendant une seconde en règle générale ;
- la distance de freinage (en m), qui est égale à 0,0065 v^2 si les pneus et la chaussée sont en bon état.

1. On a écrit ci-dessous, la fonction nommée `distance_reaction`, d'argument **v** et qui renvoie la distance de réaction de la voiture.

```
def distance_reaction(v):
    return v/3.6
```

Expliquer le calcul.

....

....

....

....

....

....

2. Compléter la fonction ci-dessous pour qu'elle renvoie la distance d'arrêt.

```
def distance_arret(v):
    return..........
```

3. Lorsque le conducteur n'est pas vigilant, son temps de réaction double la distance de réaction.

Modifier la fonction précédente pour qu'elle renvoie la distance d'arrêt lorsque le conducteur n'est pas vigilant.

```
..........
..........
```

6 Tracer la courbe d'une fonction p. 20

Compléter un algorithme

On considère la fonction f définie pour tout réel x appartenant à l'intervalle $[-3\,;3]$ par $f(x) = 2x^2 - 3$.

1. Compléter l'algorithme ci-contre pour qu'il trace la courbe représentative de la fonction f dans une fenêtre de dimensions $[-3\,;3]$ sur l'axe des abscisses et $[-4\,;16]$ sur l'axe des ordonnées et avec 100 points tracés.

2. En utilisant le graphique, déterminer une valeur approchée arrondie au dixième, des solutions de l'équation $f(x) = 10$.

....

....

```
import matplotlib.pyplot as plt
import numpy as np
plt.axis([.....,.....,.....,.....])
plt.grid()
x=np.linspace(.....,.....,.....)
y=..........
plt.plot(x,y)
plt.show()
```

7 À votre initiative !

On considère la fonction f définie pour tout réel x par :

$$f(x) = \begin{cases} 2x^2 - 5 & \text{si } x \geqslant 1 \\ -x^2 - 2 & \text{si } x < 1 \end{cases}.$$

Écrire une fonction Python, nommée **f** d'argument **x** qui renvoie la valeur de $f(x)$ pour tout réel x.

```
..........
..........
..........
..........
..........
..........
```

4 Fonction cube

1 Utiliser une fonction p. 10

Traduire un algorithme

On considère la fonction f définie pour tout réel x par :

$$f(x)=\begin{cases} x^3-1 & \text{si } x\leqslant 1 \\ -x^3+1 & \text{si } x>1 \end{cases}.$$

On a écrit en langage naturel un script qui renvoie l'image d'un réel x par la fonction f.

```
définir f(x) :
    Si x ≤ 1
        y ← x³ − 1
    Sinon
        y ← −x³ + 1
    Afficher y
```

Traduire cette fonction en langage Python.

```
......................................
......................................
......................................
......................................
......................................
......................................
......................................
```

2 Utiliser une instruction conditionnelle p. 12

Compléter une fonction

Une entreprise vend des ballons gonflables.

Si le rayon du ballon est strictement supérieur à 10 cm ou strictement inférieur à 8 cm, alors elle ne peut pas les vendre et les met au rebus.

Sinon, elle peut les mettre en vente en affichant dessus le volume du ballon (en cm³).

Compléter la fonction suivante qui renvoie « rebus » ou le volume du ballon en fonction du rayon R du ballon entré en argument.

```python
from math import pi
def ballon(R):
    if ......................... :
        resultat="rebus"
    else:
        resultat=.........................
    return .....................
```

3 Utiliser une fonction p. 10

Écrire et modifier un algorithme

On considère la fonction f définie pour tout réel x par :

$$f(x)=0{,}2x^3-4.$$

1. Écrire une fonction Python `f`, d'argument `x` et qui renvoie la valeur de $f(x)$.

```
......................................
......................................
```

2. En utilisant la fonction `f`, compléter le tableau de valeurs suivant.

x	0	1	3	6
$f(x)$	....	....	....	....

3. On a écrit la fonction suivante en Python.

```python
def seuil():
    n=0
    while f(n)<1000:
        n=n+1
    return n
```

Recopier et utiliser cette fonction. Expliquer le résultat.

....

....

....

....

....

4. Modifier la fonction précédente pour qu'elle renvoie le plus petit entier naturel n tel que $f(n)\geqslant M$, où M est un réel entré par l'utilisateur en argument de la fonction.

```
......................................
......................................
......................................
......................................
......................................
```

4 Utiliser une fonction p. 10

Compléter un algorithme

On considère une pyramide de cubes posés les uns sur les autres comme sur le schéma ci-dessous.

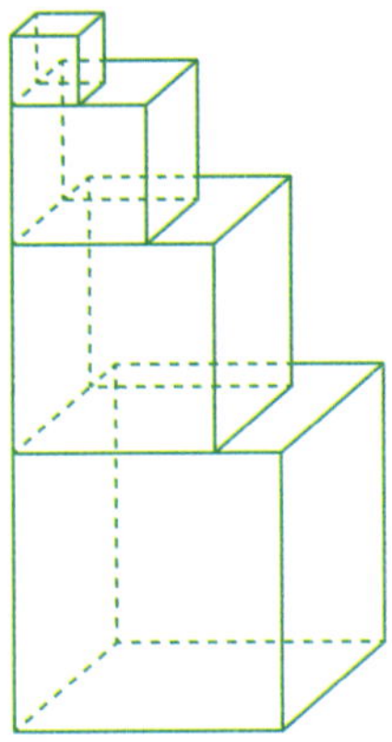

Le cube en haut de la pyramide mesure 1 cm de côté, celui en dessous 2 cm de côté, celui encore en dessous 3 cm de côté et ainsi de suite.

1. Compléter la fonction suivante afin qu'elle renvoie le volume total de l'empilement de n cubes.

```
def cubes(n):
    volume=0
    for k in range(..........):
        volume=..........
    return volume
```

2. On a écrit la fonction suivante.

```
def nombre_cubes(V):
    n=0
    while cubes(n)<V:
        n=n+1
    return n
```

Utiliser cette fonction avec V = 100 000. Quelle valeur renvoie-t-elle ?

....

3. Interpréter le résultat de la question précédente dans le contexte de l'exercice.

....

....

....

....

5 À votre initiative !

Une entreprise fabrique des trousses. Pour x trousses fabriquées, les coûts de fabrication sont calculés par la fonction :

$$C(x) = 0{,}000001x^3 - 0{,}0002x^2 + 0{,}1667x.$$

Chaque trousse est vendue 5 €.

1. Exprimer le chiffre d'affaires $G(x)$ (gain sans les coûts) de la vente de x trousses en fonction de x.

....

2. On note $B(x)$ le bénéfice de l'entreprise lorsqu'elle vend x trousses.

On a $B(x) = G(x) - C(x)$.

Écrire une fonction Python, nommée B, d'argument **x** et qui renvoie le bénéfice de l'entreprise (en euros) après avoir vendu x trousses.

3. Écrire une fonction nommée `seuil`, sans argument, et qui renvoie le plus petit nombre de trousses vendues (arrondi à l'unité près de trousses) pour que le bénéfice soit supérieur ou égal à 4 000 €.

5 Fonction racine carrée

1 Utiliser la console p. 8

Utiliser la console p. 8

Comprendre un algorithme

1. Dans la console, quelle instruction doit-on écrire pour importer depuis la bibliothèque `math` la fonction racine carrée (`sqrt`) ?

....

2. Calculer la valeur approchée des nombres suivants et écrire le résultat affiché.

a. $\sqrt{2}$: ....

....

b. $\sqrt{144}$ ....

....

c. $\sqrt{2809}$ ....

....

d. $\sqrt{-36}$ ....

....

2 Utiliser une fonction p. 10

Traduire un algorithme

1. Traduire en Python la fonction suivante écrite en langage naturel.

```
def equa(a) :
    Si a ⩾ 0
        Afficher −√a et √a
```

```
1. ..................................................
2. ..................................................
3. ..................................................
4. ..................................................
```

2. Que fait cette fonction ?

....

....

3. Modifier la fonction précédente pour qu'elle affiche le message « impossible » lorsque a est strictement négatif.

```
1. ..................................................
2. ..................................................
3. ..................................................
4. ..................................................
5. ..................................................
6. ..................................................
7. ..................................................
```

3 Utiliser une fonction p. 10

Écrire un algorithme

On considère la fonction f définie pour tout réel x positif par $f(x) = 2\sqrt{x} - 3$.

1. Écrire une fonction Python, nommée `f`, d'argument `x` et qui renvoie l'image $f(x)$ de la variable x par la fonction f.

```
1. ..................................................
2. ..................................................
3. ..................................................
```

2. On admet que l'équation $f(x) = 0$ a une solution unique compris entre 0 et 3 et que la fonction est croissante sur $[0\,;3]$. On considère la fonction ci-contre.

```python
def sol():
    x=0
    while f(x)<0:
        x=x+1/100
    return x
```

Recopier la fonction dans l'éditeur et l'utiliser. Qu'affiche-t-elle ?

....

....

3. Quelle interprétation peut-on faire du résultat ?

....

....

....

....

....

4 Utiliser une fonction p. 10 – Utiliser une boucle For p. 14

Compléter un algorithme

On considère le nombre $a = \sqrt{1+\sqrt{1+\sqrt{1}}}$.

1. Combien contient-il de radicaux $\sqrt{\ }$?

....

....

2. Si $a = \sqrt{1+\sqrt{1+\sqrt{1+\sqrt{1}}}}$, combien contient-il de radicaux $\sqrt{\ }$?

....

....

3. Compléter la fonction ci-après pour qu'elle calcule la valeur de a lorsqu'il contient n radicaux $\sqrt{\ }$.

```
from math import sqrt
def a(n):
    a=1
    for i in range(..........):
        a=..........
    return a
```

4. Écrire ci-dessous l'instruction à écrire dans la console pour retrouver la valeur affichée de a de la question **2**.

....

....

5 Utiliser une fonction p. 10 – Utiliser une boucle While p. 16

Écrire un algorithme

1. La vitesse d'un tsunami dépend de la profondeur de l'océan dans lequel il se déplace.

La vitesse v (en km · h^{-1}) d'un tsunami se calcule par la formule :

$v = 870\sqrt{\frac{h}{6}}$, où h est la profondeur de l'océan (en km).

2. Écrire une fonction, nommée `vitesse`, d'argument **h** et qui renvoie la vitesse d'un tsunami.

```
..........
..........
..........
```

3. Écrire ci-dessous l'instruction à écrire dans la console et le résultat obtenu pour calculer la vitesse d'un tsunami qui se déplace dans un océan de 3 km de profondeur.

....

....

....

4. On admet que la vitesse est croissante. Compléter la fonction suivante, et qui utilise la fonction précédente, pour qu'elle renvoie la première profondeur (au mètre près) de l'océan pour laquelle le tsunami atteint au moins la vitesse de 900 km · h^{-1}.

```
def limite():
    h=0
    while ..........:
        h=h+1/1000
    return ..........
```

5. En utilisant la fonction précédente, déterminer la première profondeur (au mètre près) de l'océan pour laquelle le tsunami atteint au moins la vitesse de 900 km · h^{-1}.

....

....

....

6 À votre initiative !

Lorsqu'un pendule oscille, il possède une période d'oscillation T (en secondes) qui se calcule par la formule suivante :

$$T = 2\pi\sqrt{\frac{l}{9{,}81}},$$

où l est la longueur (en mètre) du pendule.

Écrire une fonction nommée `période`, d'argument la longueur `l` du pendule et qui renvoie la période T.

```
..........
..........
..........
```

6 Fonction inverse

1 Utiliser une boucle For p. 14 — Traduire un algorithme

1. Traduire l'algorithme ci-dessous en une fonction, nommée `somme`, d'argument un nombre entier naturel n non nul.

> $S \leftarrow 0$
> Pour k allant de 1 à n
> $\quad S = S + \frac{1}{k}$
> Afficher S

```
..............................................
..............................................
..............................................
..............................................
..............................................
```

2. En utilisant la fonction précédente, calculer la somme :

$$S = 1 + \frac{1}{2} + \ldots + \frac{1}{100}.$$

....

2 Utiliser une boucle For p. 14 — Comprendre un algorithme

On considère les points $M_k\left(k\,;\frac{1}{k}\right)$, où k est un entier naturel supérieur ou égal à 1.

1. Recopier la fonction suivante dans un éditeur et la tester pour $n = 1$.

```python
from math import sqrt
def longueur(n):
    L=0
    for i in range(1,n+1):
        L=L+sqrt(1+(1/(i+1)-1/i)**2)
    return L
```

....

....

2. Écrire la distance M_nM_{n+1} en fonction de n.

....

....

3. En déduire ce que calcule cette fonction.

....

....

....

3 Utiliser une fonction p. 10 – Utiliser une boucle While p. 16 — Compléter un algorithme

On considère la fonction f définie pour tout nombre réel $x \geqslant 0$ par $f(x) = \frac{1}{x+2}$.

1. Écrire une fonction Python, nommée `f`, d'argument un nombre réel `x` et qui renvoie $f(x)$.

```
..............................................
..............................................
```

2. En utilisant la fonction précédente, compléter le tableau suivant. Arrondir au millième.

x	1	10	100	500	1000
$\frac{1}{x}$	....	....	....	....	....

3. Comment deviennent les valeurs de $f(x)$ au fur et à mesure que x devient de plus en plus grand ?

....

4. Compléter la fonction suivante en utilisant la fonction `f` afin qu'elle renvoie le premier entier naturel non nul n tel que $f(n) < 0{,}000001$.

```python
def seuil():
    n=1
    while ..............................:
        n=..............................
    return n
```

5. Quelle valeur trouve-t-on ?

....

4 Tracer la courbe représentative d'une fonction p. 20

Compléter un algorithme

Un club organise une sortie pour ses adhérents. Le nombre de personnes participant à la sortie est un nombre x compris entre 1 et 60. Le transporteur facture un coût fixe de 250 € auquel s'ajoute 10 € par personne. On note $C(x)$ le coût du transport par personne (exprimé en €).

1. Expliquer pourquoi $C(x) = \frac{250}{x} + 10$.

2. Compléter l'algorithme ci-après pour qu'il trace la courbe représentative de C dans une fenêtre de dimensions $[1\,;60]$ sur l'axe des abscisses et $[-1\,;265]$ sur l'axe des ordonnées en traçant 200 points.

```
import matplotlib.pyplot as plt
import numpy as np
plt.axis([..............................])
plt.grid()
x=np.linspace(........................)
y=.........................
plt.plot(x,y)
plt.show()
```

3. Déterminer graphiquement une valeur approchée du prix par personnes si 50 personnes participent à la sortie.

5 Utiliser une instruction conditionnelle p. 12

Comprendre un algorithme

1. Calculer dans la console le nombre $\frac{1}{21}$.
Quel est le résultat affiché ?

2. Qu'observe-t-on sur la partie décimale de ce nombre ?

3. Soit n un entier naturel. On considère la fonction ci-contre. Expliquer le calcul si on l'utilise avec $n = 9$.

```
def n_ieme_decimale(n):
    if n%6==1:
        d=0
    elif n%6==2:
        d=4
    elif n%6==3:
        d=7
    elif n%6==4:
        d=6
    elif n%6==5:
        d=1
    else:
        d=9
    return d
```

6 À votre initiative !

Un chien effectue en courant des allers et retours entre un point A et un point B distants en ligne droite de 100 mètres. Lors du premier trajet de A vers B, il court à la vitesse constante de 9 m · s^{-1}. Sa vitesse diminue de 10 % à chaque trajet suivant mais reste constante sur un trajet. Il s'arrêtera lorsque sa vitesse sera strictement inférieure à 1 m · s^{-1}.

Écrire une fonction Python, nommée `trajets`, sans argument et qui renvoie le nombre total d'allers et retours du chien jusqu'à ce qu'il s'arrête.

7 Tracer une fonction

1 Tracer un graphique p. 20

Comprendre un algorithme

On a écrit l'algorithme suivant et obtenu l'affichage ci-dessous.

```
import matplotlib.pyplot as plt
import numpy as np
plt.axis([-5,4,-10,10])
plt.grid()
x=np.linspace(-5,4,100)
y=3*x-2
plt.plot(x,y)
plt.show()
```

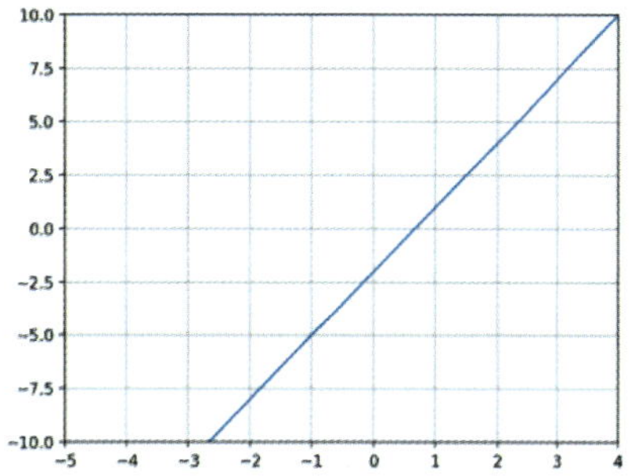

1. Quelle instruction du programme permet de définir les dimensions de la fenêtre d'affichage ?

2. Quelle est l'expression $f(x)$ de la fonction dont la courbe représentative a été tracée ?

3. Avec combien de points le graphique a-t-il été tracé ?

2 Tracer un graphique p. 20

Compléter un algorithme

On considère les fonctions f et g définies sur l'intervalle $[-2\,;4]$ par :

$$f(x) = x^2 - x + 1$$
$$\text{et } g(x) = 2x + 1.$$

1. Compléter l'algorithme ci-dessous pour tracer la courbe représentative des fonctions f et g dans une fenêtre de dimensions $[-2\,;4]$ sur l'axe des abscisses et $[-1\,;9]$ sur l'axe des ordonnées.

```
import pylab as pb
pb.axis([......,......,......,......])
pb.grid()
x=pb.linspace(......,......,100)
y=......
z=......
pb.plot(x,y)
......
pb.show()
```

2. En utilisant le graphique obtenu par l'algorithme précédent, conjecturer graphiquement les solutions de l'équation $f(x) = g(x)$.

3. Montrer par un calcul ci-dessous que les valeurs approchées trouvées à la question précédente sont bien solution de l'équation $f(x) = g(x)$.

3 Tracer un graphique p. 20

Compléter un algorithme

On considère la fonction f définie pour tout réel x appartenant à $[-3\,;5]$ par $f(x) = -\frac{1}{2}x + 4$.
On a tracé sa courbe représentative ci-dessous.

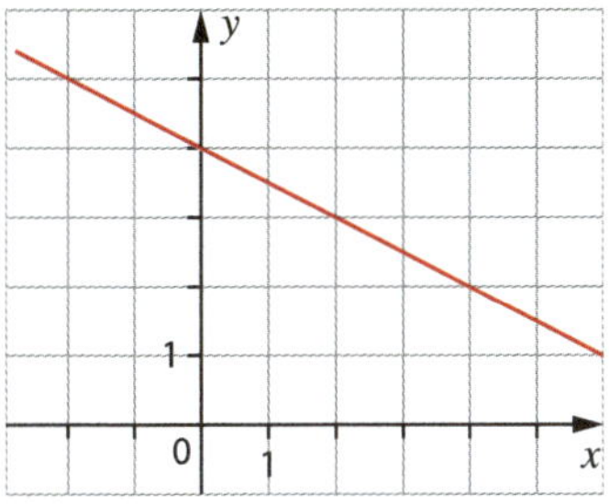

Compléter l'algorithme pour que sa courbe représentative soit dans une fenêtre dans laquelle on la voit entièrement.

```
import matplotlib.pyplot as plt
import numpy as np
plt.axis([........,........,........,........])
plt.grid()
x=np.linspace(........,........,100)
y=........................
plt.plot(x,y)
plt.show()
```

4 Tracer un graphique p. 20

Comprendre un algorithme

Un fabricant de moteurs d'avions fournit chaque année à une compagnie aérienne x moteurs. Le coût moyen de fabrication pour x moteurs (exprimé en milliers d'euros) est déterminé par la fonction C définie par :

$$C(x) = -2x^2 + 28x + 30 \text{ sur } [0\,;25].$$

1. Compléter l'algorithme ci-dessous afin qu'il trace la courbe représentative de la fonction C dans un repère.
Veiller à ce que le repère permette de voir la courbe dans son ensemble pour répondre aux questions suivantes.

```
import pylab as pb
pb.axis([........,........,........,........])
pb.grid()
x=pb.linspace(........,........,100)
y=........................
pb.plot(x,y)
pb.show()
```

2. En utilisant le graphique obtenu, déterminer une valeur approchée du nombre de moteurs fabriqués qui rendent le coût moyen maximal.

....

....

3. En utilisant le graphique obtenu, déterminer les coûts fixes (correspondant à la fabrication d'aucun moteur).

....

....

4. En utilisant le graphique obtenu, déterminer le nombre x de moteurs fabriqués qui rendent le coût moyen égal à 30 000 €.

....

....

5 À votre initiative !

Écrire un algorithme reproduisant la droite ci-dessous.
On importera la bibliothèque pylab.

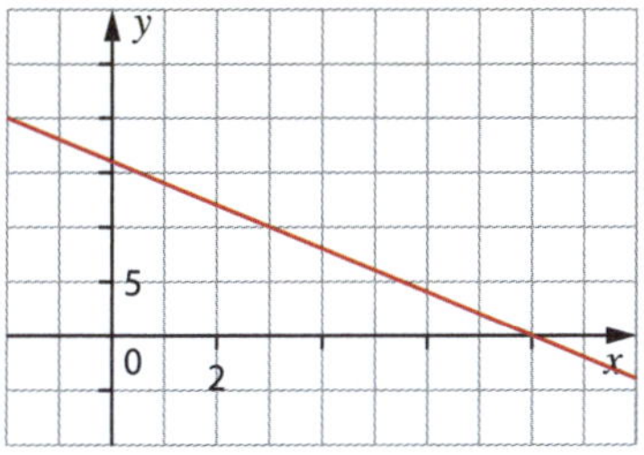


```
1. ........................................
2. ........................................
3. ........................................
4. ........................................
5. ........................................
6. ........................................
7. ........................................
```

8 Équations et inéquations

1 Utiliser une fonction p. 10 — Traduire un algorithme

On considère l'équation $x^4 - 26x^3 + 219x^2 - 666x + 648 = 0$. On a écrit en langage naturel la fonction suivante.

```
definir solution( ) :
    n = 10
    nbre = 0
    Pour k allant de 0 à n
        Si k⁴ – 26k³ + 219k² – 666k + 648 = 0
            nbre = nbre + 1
    Afficher nbre
```

1. Traduire cette fonction en langage Python.

2. Lorsqu'on utilise la fonction précédente, on a comme résultat affiché : 3.

Interpréter ce résultat.

2 Utiliser une boucle While p. 16 — Comprendre un algorithme

On admet que l'équation $2x^2 - x - 4 = 0$ possède une solution a comprise entre 1 et 2.

1. Recopier dans un éditeur la fonction suivante et l'utiliser.

```python
def sol():
    a=1
    while 2*a**2-a-4<0:
        a=a+1/1000
    return a-1/1000,a
```

Quel résultat renvoie-t-elle ?

2. Interpréter les résultats précédents.

3 Utiliser une boucle For p. 14 — Compléter un algorithme

On considère l'équation $3x - 2y = 11$, où x et y sont des nombres entiers naturels.

1. Montrer que les nombres $x = 33$ et $y = 44$ sont solutions de l'équation.

2. On cherche s'il existe d'autres couples $(x\,;y)$ solutions de l'équation avec $0 \leqslant x \leqslant 1\,000$ et $0 \leqslant y \leqslant 1\,000$ et, si oui, combien il y a de tels couples.

Compléter la fonction ci-dessous afin qu'elle réponde au problème.

```python
def sol():
    nbre=0
    for i in range(........):
        for k in range(........):
            if ........:
                nbre=........
    return nbre
```

3. Utiliser la fonction pour déterminer le nombre de couples, solutions de l'équation.

4 Utiliser une boucle While p. 16

Compléter un algorithme

On cherche une valeur approchée de la solution de l'équation $2x^3 = 1$.

On admet que la fonction f définie pour tout réel $x \geqslant 0$ par $f(x) = 2x^3$ est croissante sur $[0\,;+\infty[$.

1. Compléter l'algorithme suivant afin qu'il affiche la courbe représentative de la fonction f dans une fenêtre de dimensions $[0\,;1]$ sur l'axe des abscisses et $[0\,;2]$ sur l'axe des ordonnées.

```
import matplotlib.pyplot as plt
import numpy as np
plt.axis([.......,.......,.......,.......])
plt.grid()
x=np.linspace(.......,.......,100)
y=.......
z=1*x**0
plt.plot(x,y)
plt.plot(x,z)
plt.show()
```

2. Déterminer, avec le graphique précédent, une valeur approchée de l'équation $2x^3 = 1$ arrondie au centième.

....

3. On considère la fonction suivante.

```
def inequa():
    x=0
    while 2*x**3-1<0:
        x=x+1/100
    return x-1/100,x
```

Recopier la fonction dans un éditeur et écrire ci-dessous le résultat affiché.

....

....

4. Expliquer l'instruction :

```
while 2*x**3-1<0:
    x=x+1/100
```

....

....

5. Expliquer l'affichage obtenu.

....

....

....

....

....

6. Que fait cette fonction ?

....

....

....

5 À votre initiative !

On considère l'inéquation $3x^2 - 27 \geqslant 0$.

1. Écrire une fonction, nommée `ensemble`, d'argument un réel **x** et qui renvoie comme résultat « x solution » ou « x pas solution » si la valeur de x donnée en argument appartient ou non à l'ensemble des solutions de l'inéquation.

```
.......................................................................
.......................................................................
.......................................................................
.......................................................................
.......................................................................
.......................................................................
```

2. En utilisant la fonction précédente, déterminer un nombre réel positif solution de l'inéquation. On écrira ci-dessous l'instruction saisie dans la console et le résultat affiché.

....

....

3. Déterminer de la même manière un nombre réel négatif solution de l'inéquation. On écrira l'instruction saisie dans la console et le résultat affiché.

....

....

1 Vecteurs

1 Utiliser une fonction p. 10 — Traduire un algorithme

Traduire en langage Python la fonction suivante écrite en langage naturel.

def coord_vecteur(x_A, y_A, x_B, y_B) :
  Afficher $x_B - x_A$, $y_B - y_A$

```
..........................................
..........................................
```

2 Utiliser un fonction p. 10 — Compléter et modifier un algorithme

On considère un point $A(x_A\,;y_A)$ et un vecteur $\vec{u}\begin{pmatrix}2\\3\end{pmatrix}$.

1. Compléter la fonction suivante afin qu'elle renvoie les coordonnées du point A par la translation de vecteur $\vec{u}$.

```
def translation(xA,yA):
    return ..................
```

2. Modifier la fonction précédente afin de pouvoir choisir en plus en arguments les coordonnées du vecteur $\vec{u}$.

```
..........................................
..........................................
```

3 Utiliser une instruction conditionnelle p. 12 — Compléter un algorithme

On considère deux vecteurs $\vec{u}\begin{pmatrix}x_1\\y_1\end{pmatrix}$ et $\vec{v}\begin{pmatrix}x_2\\y_2\end{pmatrix}$ dont les coordonnées sont des nombres entiers relatifs.

1. Rappeler la formule qui permet de déterminer si les deux vecteurs sont colinéaires ou non.

....

....

2. Compléter la fonction suivante afin qu'elle renvoie « les vecteurs sont colinéaires » ou « les vecteurs ne sont pas colinéaires ».

```
def colineaires(x1,y1,x2,y2):
    if ..............................:
        resultat="les vecteurs sont
                             colinéaires"
    else:
        resultat=................................

                 ................................
    return resultat
```

4 Utiliser une fonction p. 10 — Compléter et modifier un algorithme

1. On considère un vecteur $\vec{u}\begin{pmatrix}x\\y\end{pmatrix}$. Rappeler la formule qui permet de calculer la norme $\|\vec{u}\|$ du vecteur $\vec{u}$.

....

2. Compléter la fonction suivante pour qu'elle renvoie la norme d'un vecteur $\vec{u}\begin{pmatrix}x\\y\end{pmatrix}$.

```
from math import sqrt
def norme(x,y):
    return ..............................
```

3. Modifier la fonction précédente en une fonction nommée `distance`, pour qu'elle renvoie la distance AB entre deux points $A(x_A\,;y_A)$ et $B(x_B\,;y_B)$.

```
..........................................
..........................................
..........................................
..........................................
```

5 Utiliser une fonction p. 10

Compléter et modifier un algorithme

On considère le vecteur $\vec{u}\begin{pmatrix}4\\2\end{pmatrix}$ et le point $A(-5\,;3)$.

1. Soit $M(x\,;y)$ tel que $\overrightarrow{AM}=k\vec{u}$, avec k un nombre réel. Exprimer les coordonnées de M en fonction de k.

....

....

2. Compléter la fonction ci-après afin qu'elle renvoie les coordonnées du point M.

```
def coord(k):
    return ..................
```

3. Modifier la fonction pour qu'elle permette de choisir en plus en argument les coordonnées du point A notées $(x_A\,;y_A)$.

```
..........................................
..........................................
```

6 Utiliser une instruction conditionnelle p. 12

Comprendre un algorithme

On considère le vecteur $\vec{u}\begin{pmatrix}2\\1\end{pmatrix}$ dont un représentant est dessiné dans la partie du plan ci-contre et un point $A(-3\,;-2)$.

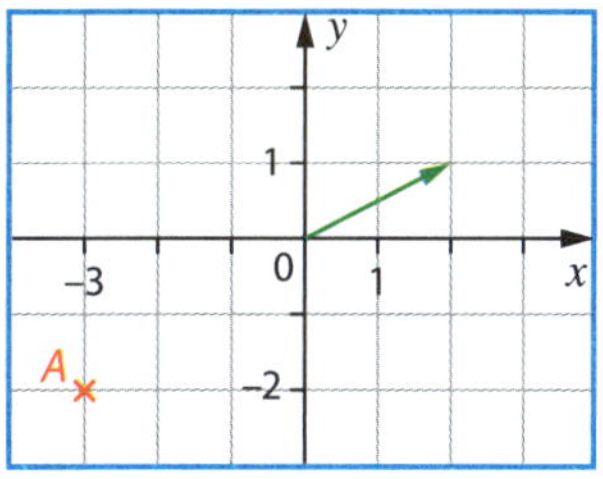

On choisit un point $M(x\,;y)$ au hasard dans le rectangle bleu.

1. On a écrit la fonction suivante.

```
from random import randint
def col():
    x=randint(-4,4)
    y=randint(-3,3)
    if 2*(y+2)-(x+3)==0:
        resultat="gagné"
    else:
        resultat="perdu"
    return resultat
```

Expliquer les lignes suivantes.

```
x=randint(-4,4)
y=randint(-3,3)
```

....

....

2. Que fait l'instruction suivante ?

```
if 2*(y+2)-(x+3)==0:
```

....

....

3. Que fait cette fonction ?

....

....

7 À votre initiative !

Dans un repère orthonormé, on admet que deux vecteurs de coordonnées $\begin{pmatrix}a\\b\end{pmatrix}$ et $\begin{pmatrix}c\\d\end{pmatrix}$ sont orthogonaux si et seulement si $ac+bd=0$.

On considère deux vecteurs $\vec{u}\begin{pmatrix}x\\2\end{pmatrix}$ et $\vec{v}\begin{pmatrix}1\\y\end{pmatrix}$, où x et y sont des nombres entiers naturels, dans un repère orthonormé $(O\,;\vec{i},\vec{j})$.

1. Écrire une fonction, nommée `ortho`, sans argument, et qui renvoie le nombre de vecteurs $\vec{u}\begin{pmatrix}x\\2\end{pmatrix}$ et $\vec{v}\begin{pmatrix}1\\y\end{pmatrix}$ orthogonaux pour $x\in[-6\,;6]$ et $y\in[-6\,;6]$.

```
..........................................
..........................................
..........................................
..........................................
..........................................
..........................................
..........................................
```

2. Utiliser la fonction précédente pour déterminer ce nombre.

....

2 Distance entre deux points

1 Utiliser une fonction p. 10

Traduire un algorithme

1. Traduire en Python la fonction suivante écrite en langage naturel.

> définir *distance*(xA, yA, xB, yB) :
> Afficher $\sqrt{(xB-xA)^2+(yB-yA)^2}$

```
......................................
......................................
......................................
```

2. En utilisant la fonction précédente, déterminer une valeur approchée de la distance entre les points $A(5\,;6)$ et $B(-3\,;4)$.

Écrire ci-dessous l'instruction à écrire dans la console et la valeur affichée.

....

....

....

2 Utiliser une instruction conditionnelle p. 12

Compléter un algorithme

On considère le cercle de centre $A(3\,;2)$ et de rayon $R=5$ dans un repère orthonormé $(O\,;\vec{i},\vec{j})$.

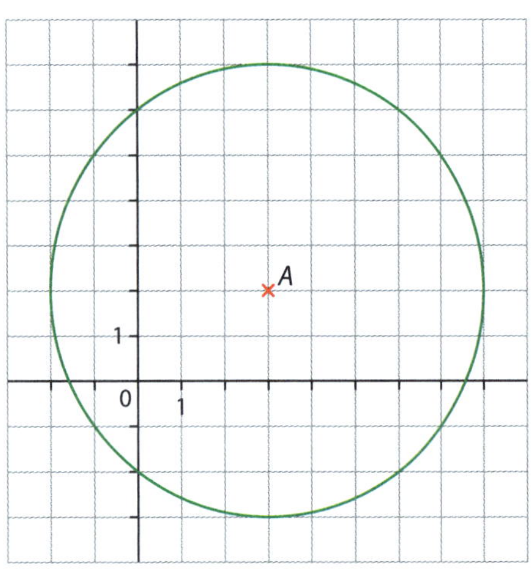

1. Que dire de la distance AM pour un point M à l'intérieur du cercle ?

....

2. Compléter la fonction suivante pour qu'elle renvoie « vrai » si le point M se trouve à l'intérieur du cercle et « faux » s'il se trouve sur ou à l'extérieur du cercle.

```
from math import sqrt
def cercle(x,y):
    if ......................................:
        resultat=....................
    else:
        resultat=....................
    return resultat
```

3 Utiliser une boucle While p. 16

Compléter un algorithme

Basile est en panne avec son bateau à moteur au milieu de l'océan. On suppose que le bateau est fixe et qu'il se trouve à l'origine d'un repère orthonormé.

Il émet un signal de détresse d'une portée de 6 km. Un bateau de pêche se déplace sur une droite d'équation $y=\frac{1}{2}x$ en direction de Basile.

L'abscisse du pêcheur à l'instant initial est égale à 14.

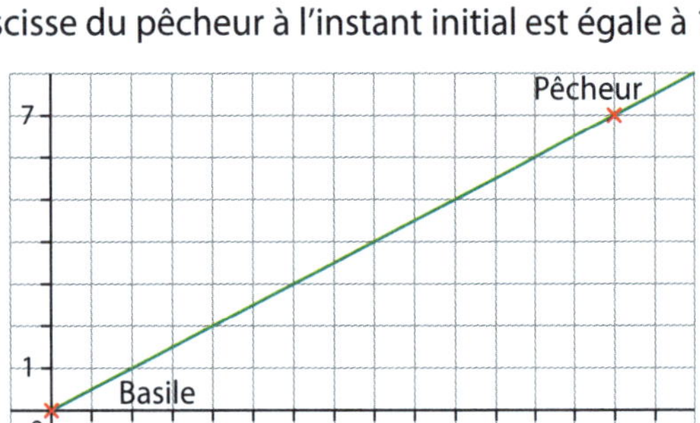

Compléter la fonction Python suivante pour qu'elle renvoie la première abscisse entière à laquelle le bateau de pêche captera le signal de détresse.

```
from math import sqrt
def signal():
    x=14
    while ......................................:
        x=..........
    return x
```

4 Utiliser une boucle While p. 16

Comprendre un algorithme

On considère la droite d d'équation $y = 2x + 1$ dans le repère orthonormé ci-contre et les points de la droite d, de coordonnées $M(x\,;2x+1)$ et $N\left(x+\frac{1}{100};\ 2\left(x+\frac{1}{100}\right)+1\right)$, où x est un réel positif.

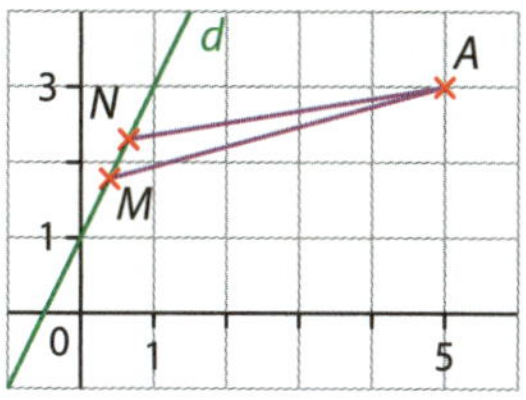

1. En utilisant le graphique, donner le signe de $AM - AN$.

....

2. On a écrit les fonctions suivantes dans l'éditeur Python.

```
from math import sqrt
def distance(xA,yA,xB,yB):
    return sqrt((xB-xA)**2+(yB-yA)**2)
def min():
    x=0
    d=distance(5,3,0,1)
    while distance(5,3,x,2*x+1)-distance(5,3,x+1/100,2*(x+1/100)+1)>0:
        d=distance(5,3,x+1/100,2*(x+1/100)+1)
        x=x+1/100
    return x,d
```

À quoi sert la première fonction ?

....

3. Que teste la boucle while dans la fonction `min` ?

....

4. Qu'affiche cette fonction `min` ?

....

5. Recopier dans un éditeur et utiliser la fonction `min` puis interpréter le résultat obtenu.

....

....

....

5 À votre initiative !

Écrire une fonction Python, nommée `axe`, d'arguments les coordonnées d'un point $M(x\,;y)$ dans un repère orthonormé $(O\,;\vec{i},\vec{j})$, et qui renvoie le nom de l'axe le plus proche de M (« axe des abscisses » ou « axe des ordonnées » ou « égale distance » si le point est à la même distance des deux axes).

On pourra utiliser la fonction valeur absolue de Python notée `abs`.

```
1.
2.
3.
4.
5.
6.
7.
8.
```

3 Relations trigonométriques

1 Utiliser une fonction p. 10

Traduire un algorithme

1. Rappeler la valeur exacte de sin(30°).

....

2. Python ne calcule pas avec des angles exprimés en degrés. Il faut les convertir en une autre unité, appelée le radian. Pour convertir un angle en radians, on multiplie sa mesure en degrés par $\frac{\pi}{180}$.

Compléter le tableau suivant.

Angle en °	30	45	60	90
Angle en radians	....	....	....	....

3. Traduire en Python la fonction sinus_degrés. Importer de la bibliothèque `math` les fonctions sin et pi.

définir sinus_degrés(x) :
Afficher sin(x)

```
1. ..................................
2. ..................................
3. ..................................
```

4. Vérifier la valeur de la question **1**. Quel est l'affichage renvoyé ?

....

2 Utiliser une boucle For p. 14

Comprendre un algorithme

On a écrit la fonction suivante.

```python
from math import sin,pi
def somme(n):
    S=0
    for i in range(1,n+1):
        S=S+sin(pi/2**i)
    return S
```

1. Compléter le tableau suivant lorsque on utilise la fonction avec $n = 2$. Arrondir au dixième.

i	╳	....	....
S	0	....	....

2. Que renvoie cette fonction dans le cas général.

....

3. Recopier l'affichage obtenu :

a. avec l'instruction `>>> somme(10)`

....

b. avec l'instruction `>>> somme(100)`

....

c. avec l'instruction `>>> somme(1000)`

....

3 Utiliser une fonction p. 10

Écrire un algorithme

On considère le triangle ci-dessous, où x est un nombre réel compris entre 0 et 90°.

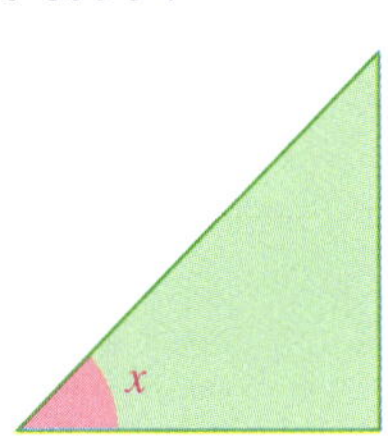

1. Rappeler ci-dessous la relation entre $\cos^2(x)$ et $\sin^2(x)$.

....

....

2. On suppose que $\sin(x) = 0{,}8$. Calculer $\cos(x)$.

....

....

....

....

3. Écrire une fonction, nommée `cos_triangle`, d'argument un nombre a compris entre 0 et 1 et qui renvoie la valeur de $\sin(x)$ lorsque on connaît $\cos(x) = a$.

```
1. ..................................
2. ..................................
3. ..................................
```

4 Utiliser une boucle While p. 16

Compléter et écrire un algorithme

Une bouée est attachée à un câble rigide d'une longueur de 30 mètres et flotte sur l'eau entre le rivage et un quai.

On définit le repère $(O\,;\vec{i}\,,\vec{j}\,)$ comme sur le dessin ci-dessous.

On note θ l'angle de sommet O.

1. Expliquer pourquoi la bouée peut parcourir un quart de cercle de rayon 30 à dessiner ci-dessous.

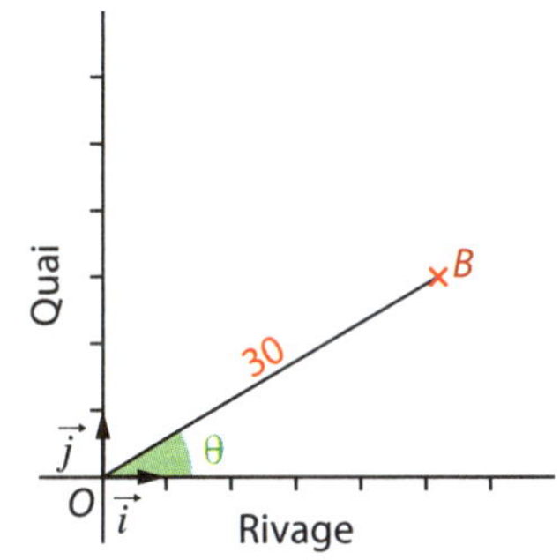

2. On note M le projeté orthogonal de B sur l'axe des abscisses.

Compléter la fonction suivante afin qu'elle renvoie la première valeur de l'angle θ telle que $BM \geqslant 24$.

```
from math import sin,pi
def bouee():
    teta=0
    BM=0
    while .................. :
        teta=teta+pi/180
        BM=.................................
    return ..................
```

3. Quelle valeur trouve-t-on ?

4. Modifier la fonction pour qu'elle renvoie la valeur de l'angle en degrés.

5 À votre initiative !

Soit x un nombre compris entre 0 et $\frac{\pi}{2}$ radians (soit entre 0 et 90°).

On admet que l'expression :

$$s = x - \frac{x}{6} + \frac{x}{120} + \frac{x}{5040}$$

est une bonne approximation de $\sin(x)$.

1. Écrire une fonction, nommé `sinus_appro`, d'argument **x** et qui renvoie les valeurs de s et de $\sin(x)$.

2. Déterminer la mesure en degrés d'un angle de mesure $\frac{\pi}{4}$ radians. On pourra utiliser l'exercice **1**.

3. En utilisant la fonction précédente, comparer la valeur de s avec $\sin\left(\frac{\pi}{4}\right)$.

1 Calculs de pourcentages

1 Écrire une fonction p. 10 — Traduire un algorithme

1. Traduire en langage Python la fonction suivante.

> définir nouveau_prix(P, t) :
>
> Afficher $P \times \left(1+\frac{t}{100}\right)$

```
1. ............................................
2. ............................................
```

2. Un manteau coûte 140 €. Le vendeur décide d'augmenter de 5 % son prix. Écrire ci-dessous l'instruction à écrire dans la console pour calculer le nouveau prix du manteau et le résultat.

....

....

....

2 Utiliser une fonction p. 10 — Comprendre un algorithme

Au 1er janvier 2022, un club de tennis compte 800 adhérents. Le club prévoit une perte de 5 % de ses adhérents chaque année.

On a écrit la fonction suivante.

```python
def adherents(n):
    a=800
    for i in range(1,n+1):
        a=a*0.95
    return a
```

1. Expliquer les instructions des lignes 3 et 4.

....

....

....

2. Que calcule cette fonction ?

....

....

....

....

3. En utilisant la fonction précédente, calculer le nombre d'adhérents du club au 1er janvier 2030. Arrondir le résultat à la personne près.

....

....

....

3 Utiliser une instruction conditionnelle p. 12 — Compléter un algorithme

Un grand magasin propose des soldes. Pour attirer un maximum de clients, le magasin propose une réduction de 10 % jusqu'à 100 € d'achats, une réduction de 30 % pour un montant d'achats compris entre 101 € et 200 € et une réduction de 50 % pour un montant d'achats strictement supérieur à 200 €.

1. Compléter la fonction suivante pour qu'elle renvoie le prix à payer par un client selon le montant de ses achats

```python
def prix(montant):
    if ..............................:
        resultat=.........................
    elif ........................................:
        resultat=.......................
    else:
        resultat=.......................
    return resultat
```

2. Utiliser la fonction précédente pour calculer le prix payé par le client s'il achète pour 250 € de produits du magasin.

....

....

....

....

....

....

4 Utiliser une boucle While p. 16

Compléter un algorithme

Sur une plage de Bretagne, les services d'entretien des bords de mer ont ramassé le 1er mars 2021, 700 kg de sargasses (algues toxiques).

Ils estiment que la masse de sargasses augmente chaque semaine de 4 %.

Les autorités décident de fermer la plage lorsque la masse de sargasses aura dépassé la tonne.

1. Compléter la fonction suivante pour qu'elle renvoie le nombre de semaines pour que la plage soit fermée.

```
def sargasses():
    masse=700
    n=0
    while ..........................:
        masse=......................
        n=..........
    return .....
```

2. Dans combien de semaines la plage va-t-elle être fermée ?

....

....

....

5 Utiliser une instruction conditionnelle p. 12

Compléter un algorithme

Le magasin Beaujardin fait une réduction de 15 % sur tout le rayon outils de jardin. Lorsqu'un client passe à la caisse, si le prix qu'il paye, après cette réduction, est inférieur ou égal à 50 €, il n'a pas de réduction supplémentaire. Sinon, il bénéficie d'une réduction supplémentaire de 5 %.

1. Compléter la fonction suivante pour qu'elle renvoie le prix payé par un client.

```
def prix(P):
    P=...........................
    if ...........................  :
        resultat=....
    else:
        resultat=...........................
    return resultat
```

2. En utilisant la fonction précédente, déterminer le prix que pairait un client s'il achète pour 200 € d'outils de jardin.

....

....

....

6 À votre initiative !

Un commerçant fait des soldes de p % avec p compris entre 10 et 50.

Il a perdu le prix initial (avant l'application des p %) des produits qu'il vend et doit écrire une fonction, nommée `prix_init`, d'arguments le prix **P** soldé et le pourcentage de réduction **p** appliqué et qui lui renvoie le prix initial du produit.

1. Écrire cette fonction.

```
..........................................................
..........................................................
```

2. Écrire ci-dessous l'instruction à écrire dans la console et l'affichage qui en résulte, pour retrouver le prix d'un objet soldé à 20 % et vendu 120 €.

```
>>> prix_init(120,20)
150.0
```

....

....

....

2 Évolutions successives et réciproques

1 Effectuer des calculs p. 8 — Traduire un algorithme

On a écrit l'algorithme ci-dessous en langage naturel.

$P \leftarrow 300$
$P \leftarrow \left(1-\frac{5}{100}\right)P$
$P \leftarrow \left(1+\frac{5}{100}\right)P$
Afficher P

1. Traduire ci-dessous les instructions précédentes en langage Python telles qu'on les écrirait dans la console.

2. Quelle valeur trouve-t-on pour P ?

3. Que représentent les deux calculs effectués sur la variable P ?

2 Utiliser une fonction p. 10 — Compléter un algorithme

Une quantité Q subit une baisse de 10 %, suivie d'une hausse de 15 % puis d'une baisse de 8 %.

1. Compléter la fonction ci-dessous afin qu'elle renvoie la valeur de la quantité Q à l'issue des trois évolutions successives.

```
def evolutions(P):
    return ..............................
```

2. Utiliser la fonction précédente pour déterminer la valeur de la quantité $Q = 1\,000$ à l'issue des trois évolutions successives.

3 Utiliser une fonction p. 10 — Comprendre un algorithme

La fonction suivante renvoie le pourcentage global d'évolution après deux augmentations successives de p % et q % (p et q entiers naturels compris entre 0 et 100).

```
def taux_global(p,q):
    coef1=1+p/100
    coef2=1+q/100
    coef_succ=100*(coef1*coef2-1)
    return coef_succ
```

1. Expliquer le calcul des lignes 2 et 3.

2. Que renvoie la fonction ?

3. Écrire ci-dessous le résultat affiché lorsque on utilise la fonction avec $p = 10$ % et q = 20 %. Interpréter le résultat.

4 Utiliser une instruction conditionnelle p. 12

Comprendre un algorithme

On a écrit la fonction suivante.

```
def mystere(Q,R):
    if R>Q:
        resultat=100*(R/Q-1)
    else:
        resultat=100*(1-R/Q)
    return resultat
```

1. Combien d'arguments possède cette fonction ? Lesquels ?

....

....

2. Recopier cette fonction dans un éditeur et la tester avec $Q = 200$ et $R = 220$. Quel résultat est affiché ?

....

....

3. Utiliser la fonction avec $Q = 500$ et $R = 200$. Quel résultat trouve-t-on ?

....

....

4. Que renvoie cette fonction ?

....

....

....

5 Utiliser une boucle For p. 14

Compléter un algorithme

On considère une quantité Q à laquelle on applique la succession d'augmentations suivante : augmentation de 10 %, suivie de 11 % puis de 12 %, etc. jusqu'à une augmentation de 20 %.

1. Compléter la fonction suivante pour qu'elle renvoie le résultat final suites aux augmentations.

```
def augmentations(Q):
    for i in range(........):
        Q=Q*(1+(....................)/100)
    return Q
```

2. Recopier la fonction et l'utiliser avec Q = 100. Quel résultat trouve-t-on ?

....

....

....

6 À votre initiative !

Une entreprise subit une crise et décide de baisser les salaires de ses employés d'un pourcentage variable selon le montant du salaire de l'employé. Elle promet toutefois de remonter les salaires à leur niveau initial en donnant à chaque employé le pourcentage d'augmentation qu'elle appliquera dès que la crise sera terminée.

Écrire une fonction, nommée `salaires`, d'arguments le salaire **x** avant la baisse de l'employé et le pourcentage **p** de baisse (nombre entier compris entre 1 et 100), et qui renvoie le salaire après la baisse et le pourcentage d'augmentation à appliquer en fin de crise.

```
.................................................................................
.................................................................................
```

3 Moyenne, médiane et écart type

1 Utiliser des chaînes de caractères p. 18

Comprendre un algorithme

En langage Python, une liste est une variable qui contient des éléments séparés par des virgules et que l'on écrit entre crochets.

Par exemple, la liste suivante, appelée L, contient cinq éléments : `L=[4,7,"mardi",8.3,0.12]`.

Il s'agit des nombres entiers 4 et 7, de la chaîne de caractères « mardi » et des nombres décimaux 8,3 et 0,12.

On peut utiliser avec les listes les mêmes fonctions Python qu'avec les chaînes de caractères.

Écrire dans la console les instructions suivantes dans l'ordre et préciser ce qu'elles renvoient.

1.
```
>>> L=[4,7,"mardi",8.5,0.15]
>>> L
```

....

....

2.
```
>>> L[-1]
```

....

....

3.
```
>>> len(L)
```

....

4.
```
>>> for i in range(3):
...         L.append(i)
>>> L
```

....

....

....

2 Utiliser une fonction p. 10

Compléter un algorithme

Laetitia a cinq notes ce trimestre en mathématiques, toutes coefficient 1.

1. Traduire en Python la fonction ci-dessous qui lui calcule sa moyenne en mathématiques.

définir *moyenne*(a, b, c, d, e)

Afficher $\dfrac{a+b+c+d+e}{5}$

```
1. ..................................................
2. ..................................................
```

2. Laetitia a une moyenne de 14 ce trimestre avec 5 notes. Le professeur décide au dernier moment de faire un sixième devoir.

Compléter la fonction ci-dessous, d'arguments la moyenne de Laetitia avec 5 notes et la note de Laetitia à son sixième devoir, afin qu'elle renvoie la nouvelle moyenne de Laetitia.

```
1. def moyenne2(moy,x):
2.     return ..............................
```

3 Utiliser une boucle For p. 14

Comprendre un algorithme

On a écrit la fonction suivante.

```
def moyenne_age(L):
    M=0
    for x in L:
        M=M+x
    return M/len(L)
```

1. Quel est le type de la variable L ?

....

....

2. Que renvoie la fonction avec la liste suivante ?

`L=[7,4,11,12,20,10,17,14]`

....

....

3. Expliquer l'instruction `for x in L:`

....

....

....

4 Utiliser une boucle For p. 14

Comprendre un algorithme

Lors d'un examen, un élève a le relevé de notes suivant.

Matière	Maths	Physique	SVT	Anglais
Coefficient	9	6	5	2
Note	14	16	12	13

On a écrit la fonction Python suivante.

```
def examen(coef,notes):
    total=0
    for i in range(len(coef)):
        total=total+coef[i]*notes[i]
    return total/sum(coef)
```

1. Expliquer les lignes 3 et 4.

2. Que fait l'instruction `sum(coef)` ?

3. Écrire ci-dessous l'instruction à écrire dans la console et le résultat renvoyé par la fonction appliquée aux deux listes du relevé de notes de l'élève.

4. Interpréter le résultat.

5 Utiliser une instruction conditionnelle p. 12

Comprendre un algorithme

On a écrit la fonction ci-contre qui calcule la médiane d'une série de valeurs.

L'instruction `L=sorted(L)` trie la liste L dans l'ordre croissant des valeurs.

```
def mediane(L):
    L=sorted(L)
    if len(L)%2==1:
        med=L[len(L)//2]
    else:
        med=(L[len(L)//2-1]+L[len(L)//2])/2
    return med
```

1. Expliquer pourquoi on utilise une instruction conditionnelle.

2. Quelle est la médiane de la série `L=[6,12,5,7,5.5,9,20]` ?

6 À votre initiative !

1. Compléter la fonction ci-contre afin qu'elle renvoie la moyenne et l'écart type d'une liste de valeurs entrée en argument.

2. En utilisant la fonction, calculer la moyenne et l'écart type de la liste `L=[12,13,14,16,22,25]`.

```
from math import sqrt
def ecart_type(L):
    moy=0
    for x in L:
        moy=..........
    moy=moy/len(L)
    var=0
    for x in L:
        var=..........
    return moy,sqrt(var/len(L))
```

4 Nombres aléatoires

1 Utiliser la console p. 8

Traduire un algorithme

Traduire en Python les instructions suivantes dans la console et écrire le résultat affiché.
Ne pas oublier d'importer une fois la fonction `randint` de la bibliothèque `random`.

1. Afficher un nombre aléatoire compris entre 1 et 6.

....

2. Afficher un nombre aléatoire compris entre 3 et 20.

....

3. Afficher un nombre aléatoire compris entre –5 et 10.

....

2 Utiliser une boucle For p. 14

Comprendre un algorithme

On a écrit la fonction suivante.

```python
from random import randint
def de():
    for i in range(5):
        print(randint(1,6))
```

1. Combien d'argument possède la fonction ?

....

2. Utiliser la fonction et écrire ci-dessous le résultat affiché.

....

3. Donner un contexte qui permet d'illustrer l'utilisation de cette fonction.

....

3 Utiliser une boucle While p. 16

Comprendre un algorithme

On considère un dé à 12 faces, parfaitement équilibré. On a écrit la fonction suivante.

```python
from random import randint
def douze():
    resultat="perdu"
    n=0
    while randint(1,12)!=12:
        n=n+1
    return "nombre d'essais pour obtenir 12 :",n
```

1. Utiliser dans la console cette fonction et écrire ci-dessous le résultat obtenu.

....

2. Expliquer les instructions des lignes 5 et 6.

....

4 Utiliser une boucle For p. 14

Compléter un algorithme

On lance n fois une pièce de monnaie équilibrée.

Compléter la fonction suivante afin qu'elle renvoie le nombre de fois où on a obtenu Pile sur les n lancers.

```
from random import randint
def Piles(n):
    nombre_Piles=0
    for k in range(n):
        p=..........................
        if p==1:
        nombre_Piles=..........................
    return ..........................
```

5 Utiliser une instruction conditionnelle p. 12

Comprendre un algorithme

Une urne contient 16 boules rouges et 24 boules bleues.

On choisit au hasard une boule dans l'urne.

On a écrit la fonction suivante.

```
from random import random
def urne():
    b=random()
    if b<0.4:
        resultat="rouge"
    else:
        resultat="bleue"
    return resultat
```

1. Que fait l'instruction de la ligne 3 ?

....

2. Expliquer les conditions de l'instruction conditionnelle.

....

....

....

....

6 Utiliser une boucle For p. 14

Compléter un algorithme

On considère l'expérience aléatoire suivante : on choisit un nombre au hasard compris entre 1 et 1 000 inclus. On appelle A l'évènement « Obtenir un multiple de 8 ».

1. Compléter la fonction ci-contre afin qu'elle renvoie la fréquence de réalisation de l'évènement A après n répétitions de l'expérience.

2. Utiliser la fonction pour déterminer une valeur approchée de la probabilité d'obtenir l'évènement A avec 10 000 répétitions de l'expérience.

....

```
from random import randint
def realisation(n):
    nbreA=0
    for i in range(n):
        x= ..........................
        if ..........................:
            nbreA=nbreA+1
    return ..........................
```

7 À votre initiative !

On lance deux dés à six faces parfaitement équilibrés.

Écrire une fonction qui renvoie la somme des deux faces affichées par les dés.

```
..........................................................
..........................................................
..........................................................
..........................................................
..........................................................
```

5 Modéliser une expérience aléatoire

1 Utiliser des variables p. 6 — Traduire un algorithme

On veut modéliser l'expérience aléatoire suivante : on lance deux dés à six faces, parfaitement équilibrés et on ajoute les résultats de chaque face.

Traduire en Python l'algorithme écrit en langage naturel.

```
de1 ← nombre alatoire entre 1 et 6
de2 ← nombre alatoire entre 1 et 6
somme=de1+de2
```

2 Utiliser une boucle For p. 14 - Utiliser une instruction conditionnelle p. 12 — Comprendre un algorithme

On considère l'expérience aléatoire qui consiste à jeter un dé à 10 faces, parfaitement équilibré.

1. Quelle est la probabilité d'obtenir un 5 ?

....

2. On considère la fonction ci-contre.

```python
from random import randint
def de(n):
    nbre_5=0
    for i in range(n):
        if randint(1,10)==5:
            nbre_5=nbre_5+1
    return nbre_5/n
```

a. Expliquer la boucle for de la ligne 4.

....

b. Expliquer l'instruction conditionnelle des lignes 5 et 6.

....

....

c. Que renvoie la fonction ?

....

....

3. Utiliser plusieurs fois la fonction. Les valeurs obtenues confirment-elles la réponse à la question **1** ?

....

3 Utiliser une boucle For p. 14 - Utiliser une instruction conditionnelle p. 12 — Compléter un algorithme

On veut modéliser n lancers d'une pièce de monnaie parfaitement équilibrée.

1. Compléter la fonction ci-contre pour qu'elle renvoie la fréquence d'obtention de Pile.

2. Utiliser plusieurs fois la fonction. Les valeurs renvoyées semblent-elles être cohérentes ?

....

....

```python
from random import randint
def piece(n):
    nbre_PILE=0
    for i in range(......):
        if randint(......,......)==......:
            nbre_PILE=..............................
    return ..............................
```

4 Utiliser une boucle While p. 16 — Compléter un algorithme

Une urne contient 1 boule rouge et 99 boules noires.

On tire au hasard une boule de l'urne. Si elle est rouge, on s'arrête, sinon on la remet et on en tire une autre, ainsi de suite jusqu'à l'obtention de la rouge.

On modélise cette expérience en numérotant 0 la boule rouge et de 1 à 99 les boules noires.

Compléter la fonction pour qu'elle renvoie le nombre de tirages effectués jusqu'à obtenir la boule rouge.

```python
from random import randint
def boule():
    nbre=0
    while randint(........,........)!=......:
        nbre=nbre+1
    return nbre
```

5 Utiliser une instruction conditionnelle p. 12

Comprendre un algorithme

Une urne contient des boules rouges et noires. On sait qu'il y a 24 boules noires dans l'urne.

La fonction suivante modélise le tirage d'une boule au hasard dans l'urne et renvoie sa couleur.

```
from random import randint
def urne():
    n=randint(1,10)
    if n<=4:
        resultat="Rouge"
    else:
        resultat="Noire"
    return resultat
```

1. D'après le programme, quelle est la fréquence de l'événement « Obtenir une boule rouge » ?

2. En déduire le nombre de boules rouges dans l'urne.

6 Utiliser une instruction conditionnelle p. 12

Compléter un algorithme

On joue à Pile ou Face avec une pièce de monnaie truquée. La probabilité d'obtention de Face est trois fois celle de Pile.

Compléter la fonction suivante pour qu'elle renvoie le résultat de cette expérience aléatoire.

```
from random import randint
def piece_truquee():
    n=randint(......,......)
    if n==0:
      resultat="Pile"
    else:
      resultat="Face"
    return resultat
```

7 À votre initiative !

On lance trois dés à six faces parfaitement équilibrés et on additionne le résultat des trois faces affichées par les dés.

Écrire une fonction qui renvoie la fréquence d'obtention du nombre 3 lorsqu'on répète n fois cette expérience aléatoire.

6 Échantillonnage

1 Utiliser une boucle For p. 14

Traduire un algorithme

On considère que lorsqu'un bébé naît, la probabilité que ce soit une fille est égale à 0,5.

On souhaite simuler un échantillon de taille 10 correspondant à 10 naissances. On note 1 si le bébé est une fille et 0 sinon.

Traduire en langage Python, la fonction suivante.

> définir *bebe*() :
> Pour i allant de 1 à 10 faire
> Afficher nombre aléatoire 0 ou 1

```
1. ..........
2. ..........
3. ..........
4. ..........
```

2 Utiliser une instruction conditionnelle p. 12

Comprendre et modifier un algorithme

On a réalisé des sondages lors de la sortie d'un livre. Ils montrent que deux tiers des personnes ayant lu le livre l'ont aimé. Le directeur d'une librairie pense que sa clientèle est dans le même état d'esprit. Il commande une enquête auprès d'un institut de sondage pour le vérifier.

L'institut a créé une fonction Python qui simule la situation suivante :

- « Vous avez aimé le livre (résultat = 1) » avec une probabilité égale à $p = \frac{2}{3}$;
- « Vous n'avez pas aimé le livre (résultat = 0) » avec une probabilité égale à $q = \frac{1}{3}$.

```python
from random import randint
def question():
    if randint(0,2)<=1:
        resultat=1
    else:
        resultat=0
    return resultat
```

1. Expliquer pourquoi l'instruction des lignes 3 et 4 affecte à la variable `resultat` la valeur 1 avec une probabilité égale à $\frac{2}{3}$.

....

2. Que fait la fonction suivante ?

```python
def echan_clients():
    for i in range(10):
        print(question())
```

....

3. Modifier la fonction précédente `echan_clients` pour qu'elle renvoie un échantillon de taille n choisi par l'utilisateur de la fonction.

```
1. ..........
2. ..........
3. ..........
```

4. Compléter la fonction suivante pour qu'elle renvoie la fréquence des clients qui ont aimé le livre dans un échantillon de taille 100.

```python
def freq():
    reponse=0
    for i in range(......):
        if question()==......:
            reponse=..........
    return reponse/......
```

3 Utiliser une boucle For p. 14

Compléter un algorithme

On lance deux dés à six faces, parfaitement équilibrés.

1. Compléter la fonction suivante pour qu'elle renvoie la somme des deux dés.

```
from random import randint
def deux_des():
    de1=..............................
    de2=..............................
    return ........................
```

2. On fait n parties en lançant n fois les deux dés. Compléter la fonction suivante pour qu'elle renvoie la fréquence de parties pour lesquelles la somme obtenue a été supérieure ou égale à 9. On utilisera la fonction de la question **1**.

```
def freq_parties(n):
    nbre=0
    for i in range(n):
        if ............................:
            nbre=..................
    return ................
```

4 Utiliser une instruction conditionnelle p. 12

Comprendre un algorithme

Dans une usine de vélos, on contrôle, au cours de la fabrication, les défauts de pédaliers. Une production normale génère 20 % de pédaliers avec un défaut.

On a écrit la fonction suivante.

```
from random import random
def defaut():
    if random()<=0.2:
        resultat=1
    else:
        resultat=0
    return resultat
```

L'instruction `random()` renvoie un nombre aléatoire réel compris entre 0 et 1 inclus.

Expliquer pourquoi l'instruction conditionnelle des lignes 3 et 4 affecte la valeur 1 à la variable `resultat` avec une probabilité égale à 20 %.

....

....

....

....

....

....

5 À votre initiative !

Une urne contient 20 boules rouges et 60 boules blanches.

Écrire une fonction `urne()` qui crée un échantillon de taille 20 de boules tirées au hasard dans cette urne et qui renvoie la fréquence de boules rouges dans l'échantillon.

On considèrera qu'on fait des tirages avec remise, à chaque fois de la boule.

```
........................................................................
........................................................................
........................................................................
........................................................................
........................................................................
........................................................................
........................................................................
```

Nous tenons à remercier les nombreux enseignants qui, par leurs avis exprimés lors de rencontres avec nos délégués pédagogiques dans les différentes académies, nous ont aidés à élaborer cet ouvrage.

Mise en pages et schémas : **Soft Office**
Maquette intérieure : **Élodie Breda**
Couverture : **Guylaine Moi**
Édition : **Alexandre Bertin**

hachette-education.com

ISBN : 978-2-01-786633-6
(ISBN à utiliser pour toute commande de l'ouvrage)

Achevé d'imprimer en France par Imprimerie IPS
Dépôt légal : Avril 2022 - Collection n°25 - Edition 01
88/4775/9